Postzwang und Postpflicht

Ein Beitrag zur Volkswirtschaftslehre

Mit einem Anhang

von

Franz Fiedler
Postadjunkt in München

Motto: „Wer sein Fach liebt, denk
gern darüber nach!“
Hüttner: „Das Postwesen unser
1860

MÜNCHEN UND BERLIN
Druck und Verlag von R. Oldenbourg
1907

Vorwort.

Von jeher habe ich den Abschnitt I des Gesetzes über das Postwesen des Deutschen Reiches vom 28. Oktober 1871 (Nr. 42 des Reichsgesetzblattes 1871, B. P. u. T. D. A. Abschn. II, Abt. 1), welcher von den grundsätzlichen Rechten und Pflichten der Post handelt, für eine der interessantesten Materien auf dem Gebiete des deutschen Postrechtes gehalten.

Und wichtig genug erschien sie mir auch, um sich mit ihr eingehend zu beschäftigen.

Diese grundsätzlichen Rechte und Pflichten der Post, unter die in erster Linie der Postzwang fällt, sind uns in staatsrechtlicher und auch strafrechtlicher Beziehung oft und eingehend näher gerückt worden, besonders in den unübertroffenen Kommentaren von Dambach; auch vom Standpunkte des postalischen Privatrechtes finden wir sie belehrend erläutert in den »Beiträgen zum Postrecht« von Mittelstein; volkswirtschaftlich dagegen ist dieses Thema meines Wissens noch nicht behandelt worden; in dieser Hinsicht dürfte vorliegende Arbeit eine Lücke in der postalischen Literatur ausfüllen.

Was die Anlage und Einteilung des Werkes betrifft, so mußte in bezug auf den Postzwang selbstverständlich auch auf dessen historische Entwicklung Rücksicht genommen werden. Den Ursprung des Postzwanges und seine weitere, im Laufe der Zeit vielfach geänderte Statuierung glaubte ich am zweckmäßigsten auf dem Wege der Verordnung zu verfolgen, und zwar zunächst an der Hand der drei, für das deutsche Postwesen so überaus wichtigen Gesetzesvorlagen des vorigen Jahrhunderts[1]), dessen politische

[1]) 1. Preußisches Postgesetz vom 5. Juni 1852. — 2. Gesetz über das Postwesen des Norddeutschen Bundes vom 2. November 1867. — 3. Gesetz über das Postwesen des Deutschen Reiches vom 28. Oktober 1871.

Ereignisse eine fortwährend entwickeltere und durchgreifendere Umgestaltung auch der deutschen Postverhältnisse herbeiführen mußten.

Die im § 3 des bereits erwähnten Abschnittes ausgesprochene Postpflicht entbehrt des selbständigen volkswirtschaftlichen Charakters insofern, als sie das notwendige Korrelat zum Postzwange bildet, wenngleich sie sich auf alle reglementmäßig aufgelieferten — nicht nur die zwanglichen — Postsendungen erstreckt. Die im vorliegenden Werke besprochene Postpflicht behandelt indessen die Verpflichtungen der Post volkswirtschaftlicher Natur, wie sie sich speziell aus dem Postzwange für den geschlossenen Brief ergeben.

Schließlich möchte ich auch an dieser Stelle meinem lieben Freunde, Herrn Dr. Richard Stauber, Assistenten an der Kgl. Hof- und Staatsbibliothek München, für seine mehrjährige Bereitwilligkeit in der Beschaffung der notwendigen Literaturwerke und Gesetzessammlungen bestens danken, wie ich auch meine Kollegen und alle Fachmänner um eine wohlwollende Beurteilung meiner Arbeit bitte.

München, im Mai 1907.

Der Verfasser.

Inhalt.

A. Der Postzwang.

I. Einleitung: Allgemeines über den Postzwang 1
II. Geschichtliches: Kurze historische Entwicklung der postalischen Gesetzgebung mit besonderer Berücksichtigung des Postzwanges 11
III. Konstruktion des Postzwanges im Norddeutschen Bunde (1867) . . . 17
IV. Konstruktion des Postzwanges im Deutschen Reiche (1871) 23
V. Die volkswirtschaftliche Bedeutung des Postzwanges 27
VI. Postfreitum oder Staatspost 31

B. Die Postpflicht.

I. Sicherheit der Briefbeförderung 36
II. Bequemlichkeit der Briefbeförderung 38
III. Wohlfeilheit der Briefbeförderung 40
IV. Unverletzlichkeit des Briefgeheimnisses 43
a) Geschichtliches zum Briefgeheimnis 44
b) Die Bedeutung der Wahrung des Briefgeheimnisses im volkswirtschaftlichen Sinne 46

C. Anhang.

Gerichtliche Erkenntnisse auf dem Gebiete des Postzwanges 49

Literatur.

Archiv für Post und Telegraphie 1875/94.

Dambach, Das Gesetz über das Postwesen des Deutschen Reiches vom 28. Oktober 1871. Berlin 1901.

Gattermann, Materialien des deutschen Postrechtes, 1906.

Haaß, Die Post und der Charakter ihrer Einkünfte, 1890.

Herz, Die Postreformen im Deutsch-Österreichischen Postvereine, 1851.

Hüttner, Das Postwesen unserer Zeit, 1854/60.

Klüber, Das Postwesen in Deutschland, 1811.

Klüber, Öffentliches Recht des Deutschen Bundes 1840, §§ 433—444.

Laband, Staatsrecht des Deutschen Reiches, 1890.

Matthias, Darstellung des preußischen Postwesens, 1819.

Matthias, Über Posten und Postregale, 1832.

Meili, Die Haftpflicht der Postanstalten, 1877.

Mittelstein, Beiträge zum Postrecht, 1891.

v. Mohl, Polizeiwissenschaft § 179.

Stängel, Das deutsche Postwesen in geschichtlicher und rechtlicher Beziehung, 1844.

Stephan, Geschichte der preußischen Post von ihrem Ursprung bis zur Gegenwart, 1859.

Wolff, Haftpflicht der Postanstalten nach dem Norddeutschen Bundesgesetze vom 2. November 1867.

Zorn, Staatsrecht des Deutschen Reiches. Bd. II: Das Verwaltungsrecht, 1897.

A. Der Postzwang.

I. Einleitung.

Allgemeines über den Postzwang.

Eine der wichtigsten und zugleich der am meisten bestrittenen Fragen des Postrechtes ist von jeher die gewesen, ob und inwieweit der Staat ein ausschließliches Recht zur Beförderung von Personen und Sachen mittels der Posten in Anspruch nehmen solle. Soweit es sich um die Beförderung von Personen handelt, hat diese Frage allerdings im Laufe der Zeit ihre Bedeutung verloren, da die Vermittlung des Personenverkehrs von Ort zu Ort immer mehr von der Post auf die Eisenbahn übergegangen ist. Demzufolge ist auch in Deutschland das Postregal in betreff der Personenbeförderung seit Anfang 1872 ganz aufgehoben worden. Andere Länder, wie Österreich und die Schweiz, halten zwar noch an diesem Vorrechte des Staates fest, doch ist in Österreich nach dem Gesetze vom 31. März 1865 der »Staatsvorbehalt des Personentransportes zu Wasser und zu Lande« darauf beschränkt, daß es verboten ist, auf Poststraßen, d. i. solchen Straßen, auf denen Poststationen bestehen, wie auch auf anderen Straßen, die zur Umfahrung der Poststationen benutzt werden können, Anstalten zur Beförderung von Reisenden mit Pferdewechsel mit den von ihnen benutzten Wagen (Extraposten) zu errichten und zu unterhalten; in der Schweiz erstreckt sich das Postregal nach dem Gesetze vom 5. April 1894 zwar allgemein auf »den regelmäßigen und periodischen Transport von Personen«, doch werden vom schweizerischen Bundesrat vielfach Konzessionen für die regelmäßige und periodische Beförderung von Personen auf Fuhrwerken, Dampfschiffen usw. sowie für die Beförderung von Personen mit Extraposten erteilt, so daß die Post von dem ihr zustehenden ausschließlichen Rechte der Beförderung von Personen tatsächlich nur in verhältnismäßig geringem Umfange Gebrauch macht.

Demgegenüber ist das Vorrecht des Staates zur ausschließlichen Beförderung von Sachen mittels der Posten bei dem immer lebhafter sich gestaltenden Verkehr auch heute noch von größter Wichtigkeit. Darüber, auf welche Gegenstände sich das Postmonopol erstrecken solle, haben die Anschauungen im Laufe der Jahre vielfach gewechselt. Während beispielsweise in Preußen

nach der allgemeinen Postordnung vom 26. November 1782 die Beförderung von verschlossenen Briefen, von Paketen bis zu 40 Pfund und von Summen Geldes, ferner der Zeitungsdebit,

nach dem Gesetze vom 5. Juni 1852 die Beförderung verschlossener Briefe, der einer Stempelsteuer unterliegenden Zeitungen und Anzeigeblätter, von gemünztem Gelde und Papiergeld, ungemünztem Golde und Silber, Juwelen und Preziosen ohne Unterschied des Gewichtes, endlich von Paketen bis zu 20 Pfund,

nach dem Gesetze vom 21. Mai 1860 die Beförderung von verschlossenen Briefen, von Zeitungen politischen Inhaltes und von gemünztem Gelde und Papiergeld

unter den Postzwang fiel, erstreckt sich der Postzwang heute im ganzen Deutschen Reiche nur noch auf die Beförderung von verschlossenen Briefen und politischen Zeitungen.

Nach dem Postgesetze vom 28. Oktober 1871 ist der Post ausschließlich vorbehalten die Beförderung:

1. aller versiegelten, zugenähten oder sonst verschlossenen Briefe,
2. aller Zeitungen politischen Inhaltes, welche öfter als einmal wöchentlich erscheinen,

gegen Bezahlung von Orten mit einer Postanstalt nach anderen Orten mit einer Postanstalt des In- oder Auslandes. Dabei werden unverschlossene Briefe, welche in versiegelten, zugenähten oder sonst verschlossenen Paketen befördert werden, den verschlossenen Briefen gleichgeachtet.

Vom Postzwange bestehen jedoch folgende Ausnahmen:

a) Hinsichtlich der politischen Zeitungen erstreckt sich der Postzwang nicht auf den zweimeiligen Umkreis ihres Ursprungsortes.

b) Es ist gestattet, zugenähten, versiegelten oder sonst verschlossenen Paketen, die auf andere Weise als durch die Post befördert werden, solche unverschlossene Briefe, Fakturen, Preiskurante, Rechnungen und ähnliche Schriftstücke beizufügen, welche den Inhalt des Paketes betreffen.

c) Die Beförderung von Briefen und politischen Zeitungen gegen Bezahlung durch expresse Fuhren oder Boten ist gestattet, doch darf ein solcher Expresser nur von einem Absender abgeschickt sein und dem Postzwange unterliegende Gegenstände weder von anderen mitnehmen, noch für andere zurückbringen.[1])

Eine weitere Ausnahme vom Postzwange besteht in Fällen des Krieges und gemeiner Gefahr, in denen die Postverwaltungen von der ihnen dann zustehenden Befugnis, jede Vertretung abzulehnen und Briefe sowie andere Sachen nur auf Gefahr des Absenders zu übernehmen, Gebrauch machen können. Selbstverständlich steht es dann dem Absender frei, sich ohne Rücksicht auf den Postzwang jeder anderen Beförderungsgelegenheit zu bedienen.

(Siehe Erklärung des Staatssekretärs des Reichspostamtes in der Sitzung des Reichstags vom 12. April 1899 sowie Dienstbefehl Nr. 91 d. J. 1902 der Gen.-Dir. d. B. P. u. T.)

Diese Bestimmungen sind durch das Gesetz, betreffend einige Änderungen von Bestimmungen über das Postwesen, vom 20. Dezember 1899 dahin erweitert worden, daß

1. der Postzwang auf verschlossene und solchen gleichzuachtende **Ortsbriefe** ausgedehnt worden ist;

---

[1]) Die mit Eisenbahnzügen als Hand- oder Reisegepäck stattfindenden Versendungen werden selbst dann, wenn der Absender für die Gegenstände, welche er versenden will, einen besonderen Eisenbahnwagen mietet, **nicht** als expresse Sendungen betrachtet, und auch nicht in dem Falle, wenn der Sendung ein Begleiter beigegeben ist. — Der Fall einer expressen Versendung postzwangspflichtiger Gegenstände durch die Eisenbahn wird nur dann als vorhanden angesehen, wenn der Absender einen **Extrazug** nimmt, mit welchem lediglich **für ihn** Sachen befördert werden. (Gerichtliche Erkenntnisse im Anhang.)

2. Anstalten zur gewerbsmäßigen Einsammlung, Beförderung oder Verteilung von unverschlossenen Briefen, Karten, Drucksachen und Warenproben, die mit der Aufschrift bestimmter Empfänger versehen sind, nicht mehr betrieben werden dürfen.

Zu den Ausnahmen vom Postzwange sind folgende weitere Ausnahmen hinzugetreten:

a) Verschlossene Briefe dürfen im Ursprungsorte ohne Einschränkung gegen Bezahlung befördert werden, wenn die Boten weder die Einsammlung von Briefen, Karten, Drucksachen, Zeitungen und Zeitschriften oder Warenproben gewerbsmäßig betreiben, noch im Dienste einer Privatbeförderungsanstalt stehen.

b) Privatbeförderungsanstalten dürfen in eigener Angelegenheit verschlossene Briefe auch durch ihre Bediensteten befördern lassen.

Nach diesem Postgesetze sind die Objekte, welche der Postzwang umfaßt, im Deutschen Reiche der verschlossene Brief und die politische Zeitung.

In finanzieller Beziehung sind die Briefe als Beförderungsgegenstände für die Post von ausschlaggebender Bedeutung. Die Briefbeförderung bildet, wie Stephan bei der Beratung des Reichspostgesetzes im Reichstage treffend sagte, »die Wirbelsäule des ganzen Postbeförderungssystems«. Indem der Staat den Brief zum Gegenstande des Postzwanges macht, verhütet er wesentliche Erschütterungen in der Höhe der Einnahmen und sichert sich ein Grundvermögen, das ihn in den Stand setzt, auf eine gesunde Weiterentwicklung des Postwesens fortlaufend Bedacht zu nehmen. Somit liegt in der finanziellen Bedeutung der zwanglichen Briefbeförderung gleichzeitig das höhere Moment der Möglichkeit einer stetigen, dem volkswirtschaftlichen Interesse entsprechenden Vervollkommnung der Postanstalten. Neben diesem Momente bestehen aber noch andere Gründe für die Statuierung des Postzwanges für Briefe.

Der Brief spielt im menschlichen Leben nach jeder Richtung eine ganz hervorragende Rolle. Er hebt sich über eine rein materielle Bedeutung weit hinaus. Er bildet das Mittel für den Austausch vertraulicher Aussprache und wichtiger, für Dritte nicht bestimmter Mitteilungen der Einzelnen unter sich. Daraus ergibt sich, daß seine Behandlung bei Annahme, Beförderung und Zustellung eine besonders diskrete sein muß. Gesetzlich wird dies durch die Bestimmung zum Ausdruck gebracht, daß das Briefgeheimnis unverletzlich sein soll. Wird des weiteren berücksichtigt, daß bei der Beförderung des Briefes die möglichst große Beschleunigung als Erfordernis in die Erscheinung tritt, so ist klar, daß der Brief auch seiner inneren Natur nach ein äußerst wertvolles Objekt unter den Transportgegenständen darstellt und daß daher seine Behandlung einer besonders verständnisvollen und sicheren Fürsorge bedarf, einer Fürsorge, die nicht einer privaten, lediglich von Gesichtspunkten geschäftlicher Spekulation beherrschten Unternehmung überlassen werden darf.

Neben dem Brief, dem wichtigsten Korrespondenzmittel, bildet nun, wie erwähnt, gesetzlich auch die politische Zeitung Gegenstand des Postzwanges. Die Gründe hierfür liegen auf einem anderen Gebiete und in anderer Richtung.

Es ist kein Zweifel, daß die Tagespresse sich zu einem Machtmittel der Öffentlichkeit und zu einem wichtigen Faktor der kulturellen Entwicklung herausgebildet hat. Sie ist von größter Bedeutung für das geistige und wirtschaftliche Leben des Volkes. Sie setzt den Einzelnen in den Stand, sich schnell und zuverlässig über die Vorgänge zu unterrichten, aus diesen Vorgängen Belehrung zu schöpfen und seine wirtschaftlichen Unternehmungen darnach zu regulieren, auf billige und schnelle Weise der Gesamtheit Mitteilung zu machen oder die öffentlichen Meinungen anderer zu seinem Nutzen auszubeuten, kurz, die Zeitung bildet nach jeder Richtung ein unentbehrliches Element im Leben des Volkes.

Wenn die Tätigkeit der Post demnach den Vertrieb von Zeitungen, d. h. deren Beförderung und Zustellung, übernimmt, so erfüllt sie damit eine durch das volkswirtschaftliche Interesse begründete und gebotene Aufgabe. Aber der Staat nimmt für die Zeitung nicht allgemein den Postzwang in Anspruch. Er scheidet die Zeitungen in politische und nichtpolitische. Für letztere besteht kein Postzwang, und es würde auch kaum gelingen, außer etwa finanziellen, tiefere, im inneren Wesen der nichtpolitischen Zeitung liegende Gründe für eine postzwangliche Behandlung geltend zu machen. Dagegen besteht der Postzwang für politische Zeitungen. Die politische Zeitung hat eben noch ihren besonderen Charakter.

Indem sie ihre Aufgabe wesentlich darin findet, politische Verhältnisse in den Kreis ihrer Mitteilungen zu ziehen und kritisch zu behandeln, berührt sie die Persönlichkeiten des Staates und dessen organisches Leben in hervorragendem Maße. Dem Staate könnte das zwar insofern erwünscht sein, als er dadurch fortwährend Fühlung behält mit den Anschauungen, Wünschen und Bedürfnissen der Staatsangehörigen. Aber er muß auch gewappnet sein, allgemein schädlichen Übergriffen auf dem Gebiete freier politischer Meinungsäußerungen entgegentreten zu können, und es ist Aufgabe der Preßgesetzgebung, in dieser Beziehung der Freiheit der Presse Grenzen zu setzen. Es ist hier nicht der Ort und nicht unsere Aufgabe, hierauf näher einzugehen. Für uns resultiert nur der Satz, daß es im Interesse des Staates liegt, seinen durch die Preßgesetzgebung geschaffenen Rechten und Pflichten eine rasche und wirksame Folge im Wege der Beschlagnahme oder des Verbotes der weiteren Verbreitung der Zeitungen geben zu können. Und hierin finden wir den Grund dafür, daß die politischen Zeitungen dem Postzwange unterworfen werden.

Auch in anderen Ländern ist die Statuierung des Postzwanges eine ähnliche. Im allgemeinen unterliegen heute in den Hauptverkehrsländern Europas nur Briefe oder Gegenstände, die mit der Briefpost befördert werden, dem Postzwange. Nur in einzelnen Ländern ist der Postzwang auch für andere Sendungen aufrechterhalten worden. Im einzelnen bestehen indes in verschiedenen Ländern die größten Verschiedenheiten sowohl in bezug auf den Umfang des Postzwanges, wie in bezug auf die Ausnahmen davon. Es dürfte daher von Interesse sein, in einer kurzen Zusammenstellung die wichtigsten Bestimmungen der meisten Länder Europas über den Postzwang wiederzugeben.

I. Umfang des Postzwanges.

1. Briefe unterliegen dem Postzwange
   a) nur, wenn sie verschlossen sind, in Deutschland, Österreich-Ungarn, Dänemark, Schweden, der Schweiz;
   b) auch, wenn sie nicht verschlossen sind, in Belgien, Frankreich, Großbritannien, Italien, den Niederlanden.
2. Postkarten sind postzwangspflichtig in Belgien, Italien, den Niederlanden, Schweden, der Schweiz.

3. Für Zeitungen besteht Postzwang in Deutschland, Österreich-Ungarn, der Schweiz.

4. Andere Drucksachen müssen mit der Post versendet werden: in Belgien, wenn sie die Adresse des Empfängers tragen; in Dänemark, wenn sie verschlossen sind; in Österreich und Ungarn, wenn beide Voraussetzungen zutreffen.

5. Sonstige postzwangspflichtige Gegenstände sind: in Dänemark: geldwerte Gegenstände und gangbares Geld, beides jedoch nur, wenn es sich um verschlossene Sendungen handelt; in der Schweiz: verschlossene Sendungen aller Art bis zum Gewichte von 5 kg.

Zu bemerken ist, daß in einzelnen Ländern (Deutschland, den Niederlanden, der Schweiz) die Beförderung der sonst dem Postzwange unterliegenden Gegenstände auf andere Weise als durch die Post allgemein gestattet ist, wenn die Beförderung ohne Entgelt stattfindet.

II. Ausnahmen vom Postzwange.

Bezüglich der Ausnahmen vom Postzwange bestehen sehr mannigfaltige Vorschriften. Die am meisten vorkommenden Ausnahmen sind folgende:

a) Die Beförderung sonst postzwangspflichtiger Briefe usw. durch besondere Boten ist gestattet in Deutschland, Österreich-Ungarn, Dänemark, Frankreich, Großbritannien, Italien, der Schweiz; in Dänemark und Großbritannien ist außerdem die gelegentliche Versendung von Briefen auf andere Weise als durch die Post, in Italien die nicht gewerbsmäßige und unentgeltliche Beförderung durch Privatpersonen zugelassen. Noch weiter geht die in den Niederlanden bestehende Ausnahmebestimmung, nach welcher einzelne Briefe, ferner gleichzeitig beförderte Briefe, die von einem Absender oder von Gliedern derselben Familie herrühren, nicht dem Postzwange unterliegen.

b) Die Versendung der sonst unter den Postzwang fallenden Sendungen durch Dienstboten oder andere Bedienstete ist gestattet in Österreich-Ungarn, Belgien, Dänemark sowie in gewissen Fällen in Großbritannien. Auf demselben Prinzip beruht es, wenn es in verschiedenen Ländern (Deutschland, Österreich-Ungarn, Belgien, Dänemark, Frankreich, Italien, Schweden, der Schweiz) gestattet ist, daß Privatbeförderungsanstalten bzw. Eisenbahn- oder Dampfschiffsgesellschaften Briefe usw. in eigenen Angelegenheiten ohne Inanspruchnahme der Post durch ihr eigenes Personal befördern lassen dürfen. Die Beförderung sonst postzwangspflichtiger Gegenstände durch den Absender selbst ist ausdrücklich gestattet in Belgien, Dänemark, der Schweiz. Andere Länder, insbesondere diejenigen, welche die Beförderung durch Dienstboten usw. zulassen, scheinen die Zulässigkeit der Beförderung durch den Absender selbst als selbstverständlich vorauszusetzen.

c) In den meisten Ländern ist es gestattet, Frachtführern Frachtbriefe und andere Schriftstücke, die sich auf die beförderten Waren beziehen, mitzugeben sowie den Waren die Rechnungen usw. beizufügen. Bestimmungen in diesem Sinne bestehen, mehr oder minder weitgehend, in Deutschland, Österreich-Ungarn, Belgien, Frankreich, Großbritannien, Italien, den Niederlanden, Schweden.

d) Erwähnung verdient die in Dänemark und Italien bestehende Ausnahmebestimmung, daß die Beförderung sonst postzwangspflichsiger Sendungen auf andere Weise als durch die Post zugelassen ist, wenn für die Sendungen trotz der nicht postmäßigen Beförderung das Postporto entrichtet ist. Ferner ist zu erwähnen die in Dänemark bestehende Bestimmung, daß die Versendung von Briefen usw. ohne Inanspruchnahme der Post erfolgen darf, wenn die Post nicht in der Lage wäre, die Sendung in derselben Zeit unter Übernahme der Verantwortlichkeit zu befördern. Eine ähnliche Bestimmung besteht in Großbritannien und Schweden insofern, als mit den nicht zur Postbeförderung benutzten Schiffen sonst dem Postzwange unterliegende Gegenstände abgesendet werden dürfen.

III. Privatbeförderungsanstalten.

In Belgien, Frankreich und der Schweiz besteht keine Gesetzesvorschrift, welche das Bestehen von Privatanstalten zur Beförderung von Briefsendungen verbietet; jedoch hat in Belgien die Postverwaltung das Recht, die Ausgabe von privaten Frankierungszeichen zu untersagen oder von vorgängiger Genehmigung abhängig zu machen. In den Niederlanden können Privatbeförderungsanstalten durch die Regierung unter gewissen Bedingungen zugelassen werden, doch macht die Regierung von dieser Befugnis keinen Gebrauch. In Schweden können mit Genehmigung der Postverwaltung Privatanstalten zur Beförderung sonst dem Postzwange unterliegender Gegenstände zwischen inländischen Orten ohne Postverbindung eingerichtet werden. Ein ausdrückliches Verbot der Errichtung von Privatbriefbeförderungsanstalten besteht, mehr oder minder weitgehend, in Deutschland, Österreich-Ungarn, Dänemark, Großbritannien und Italien.

Bis zur Inkrafttretung des Gesetzes, betreffend einige Änderungen von Bestimmungen über das Postwesen vom 20. Dezember 1899 waren die verschlossenen Ortsbriefe vom Zwange freigelassen.[1]) Die Folge davon war, daß sich in verschiedenen größeren und mittleren Städten sog. Privatpostanstalten bildeten, die sich mit der Annahme und Zustellung dieser Ortsbriefe befaßten und deren Zahl im gesamten Gebiete des Deutschen Reiches 84 betrug. Es ist eine allgemein bekannte und auch in der Presse anerkannte Tatsache, daß der Betrieb von vielen, zum großen Teil ohne genügende Mittel gegründeten Briefbeförderungsanstalten mannigfache Übelstände gezeitigt und namentlich das korrespondierende Publikum schwer geschädigt hat. Nicht selten sind Briefverluste in größtem Maßstabe eingetreten, auch sind gröbliche Verletzungen des Briefgeheimnisses bekannt geworden. Mehr als 60 Anstalten haben schon in den ersten Jahren ihres Bestehens ihren Betrieb einstellen müssen, weil sie, ohne Vermögen und ohne Sachkunde der Inhaber begründet, den Anforderungen des Verkehrs nicht entsprachen und daher beim Publikum nicht das nötige Vertrauen erlangen konnten. Die Briefsammelkasten sind in manchen solchen Fällen nicht rechtzeitig abgenommen oder geschlossen worden, so daß noch lange Zeit Sendungen hineingelegt wurden, für deren Einsammlung und Bestellung nicht gesorgt worden ist. Begleitende Tatsachen waren bei vielen Betriebseinstellungen Nichteinlösung der ausgegebenen Wertzeichen, Unterschlagung der von den Boten hinterlegten Kautionen, unterlassene Zahlung der Mieten, der Kosten für Möbel usw. und der Löhne der Boten.

Allerdings wird nicht verkannt, daß einzelue größere Anstalten die Geschäfte in einer das Publikum befriedigenden Weise führten und von diesem viel benützt wurden. Aber von keiner Seite wird ernstlich bestritten werden können, daß das Briefgeheimnis hin-

[1]) Nach § 1 des Postgesetzes vom 28. Oktober 1871 erstreckte sich der Postzwang lediglich auf die »Beförderung aller versiegelten, zugenähten oder sonst verschlossenen Briefe gegen Bezahlung von Orten mit einer Postanstalt nach anderen Orten mit einer Postanstalt des In- oder Auslandes« (s. S. 2.).

sichtlich des verschlossenen Briefes auch bei der bestgeleiteten Privatanstalt nicht den vollen Schutz genießt, wie ihn die staatliche Beförderungsanstalt gewährt mit ihren festgefügten Einrichtungen, ihrem sorgsam ausgewählten, festangestellten, vereidigten Personal und ihrer strengen amtlichen Aufsichtsführung.

Wenn die Postverwaltung mithin den verschlossenen Ortsbrief der gewerbsmäßigen privaten Besorgung entzog und damit eine als notwendig erkannte Ergänzung des Postzwanges zu erlangen strebte, so handelte sie lediglich in der Erfüllung ihrer Aufgabe als der einer gemeinnützigen, dem öffentlichen Wohle dienenden, von allen Sonderinteressen freien Verkehrsanstalt. Sie forderte damit ein Recht, das auch den Postverwaltungen in den anderen europäischen Staaten mit hochentwickelten Verkehrseinrichtungen (Österreich-Ungarn, Frankreich, Großbritannien, Italien, Schweden, Belgien, Dänemark, Niederlande, Schweiz) zuerkannt worden ist.

Der Hauptzweck des Postzwanges, d. i. der gesamten Briefbeförderung in den Händen des Staates allein, liegt neben finanziellen Gründen auf dem Gebiete der Volkswirtschaft. Die Postverwaltung hat den Verkehrsinteressen der gesamten Bevölkerung für allen und jeden, für Stadt und Land mit dem gleichen Maße der Fürsorge, Sicherheit und Pünktlichkeit zu dienen. Ihr fällt kraft ihrer Stellung als staatliche Verkehrsanstalt die Aufgabe zu, auf ihrem weiten Tätigkeitsfelde im Sinne ausgleichender Gerechtigkeit zu wirken und unter richtiger Würdigung des Bedürfnisses die Segnungen einer möglichst vollkommenen und billigen Verkehrsvermittlung auch allen solchen Gegenden und Orten des Vaterlandes zuteil werden zu lassen, wo die Selbstkosten des Betriebes bei weitem nicht durch die Einnahmen gedeckt werden. Es braucht nur an die kleineren Postämter in den ländlichen Bezirken, an die Postagenturen, an die Landbriefbestellung, bei der selbst die entlegenste Wohnstätte nicht übergangen wird, und an die Tausende von Landpostverbindungen erinnert zu werden, um klarzustellen, daß ein sehr bedeutender Teil der von der Postverwaltung geschaffenen Einrichtungen nicht nur nicht rentiert, sondern dauernd Zuschüsse von beträchtlicher Höhe erfordert. Alle jene Einrichtungen, die heute in sämtlichen Schichten der Bevölkerung ohne Ausnahme als eine Wohltat und zugleich als unbedingt notwendig anerkannt werden, wären aber überhaupt nicht oder doch nur in einem außerordentlich geringen Maße ausführbar gewesen ohne den gesetzlichen Schutz, den die Postverwaltung für die Beförderung der verschlossenen Briefe genießt. Dieser Schutz ermöglicht ihr in den großen und verkehrsreichen Städten zu einem ganz wesentlichen Teile die Erzielung der Überschüsse, die zu den Aufwendungen für an sich Verlust bringende Einrichtungen erforderlich sind.

II. Geschichtliches.

Kurze historische Entwicklung der postalischen Gesetzgebung mit besonderer Berücksichtigung des Postzwanges.

Unter den Kaisern des heiligen Römischen Reiches deutscher Nation bildete die Posthoheit ein kaiserliches Reservatrecht. Kaiser Rudolf II. ernannte im Jahre 1595 Leonhard von Taxis zum »Kaiserl. General-Obrist-Postmeister im Reich« auf Grund der Patente vom 16. Juni 1595 und 6. November 1597.[1]) Unter dem 16. Oktober 1596 kam in Augsburg bereits die erste Postordnung zustande, »worin sowohl die Dienstverrichtungen als das Betragen der Posthalter und Angestellten sowie die Zeit bestimmt wurde, binnen welcher die ordinäre Post und Stafetten von einem Orte zum anderen geritten werden sollten.[2]) Kaiser Rudolfs Sohn, Matthias, erteilte dem inzwischen in den reichsgräflichen Stand erhobenen Freiherrn Lamoral Franz Claudius von Taxis und dessen männlichen Erben durch den Lehnbrief vom 27. Juli 1615 die Belehnung mit dem Reichs-Erb-General-Postmeister-Amt über die Posten im Reiche.[3]) 1621 erklärte Ferdinand II. das Taxische Reichspostlehen für ein subsidiarisches Weiberlehen[4]), und im Jahre 1744 wurde unter Kaiser Karl VI. jenes Amt unter dem Titel »Erb-General- und Obrist-Postmeister« zu einem Reichsthronlehen erhoben. Darauf erfolgte 1747 die erste Thronbelehnung an

---

[1]) Vgl. Lünings Reichsarchiv, pars gen., und in Gerstlachers Handbuch der Reichsgesetze IX, 1703.

[2]) Vgl. Hüttner, Das Postwesen unserer Zeit V, 1860, S. 136.

[3]) Vgl. den Lehnbrief und die Taxisschen Reversalien bei Gerstlacher a. a. O. IX, 1705.

[4]) Vgl. Matthias, Über Posten und Postregale, Berlin 1832.

die im Jahre 1695 (nach Klüber und Vischer 1686) in den Fürstenstand erhobene Familie Thurn und Taxis.

Jedoch die Reichsstände erkannten die Privilegien einer Reichspostanstalt der Familie Thurn und Taxis nicht an. Besonders der Große Kurfürst duldete in seinem Lande nicht die Einführung der Reichspost. Er protestierte gegen diese in einem »Antrag des Churfürsten Friedrich Wilhelm vom 2. Julius 1652, den Grafen von Taxis mit dem Gesuche abzuweisen, Posten in den Churfürstlichen Ländern einführen zu dürfen«.

Er erklärte, daß er keine Einmischung in Hoheitsrechte dulde, sich kein Servitut aufbürden lasse und unglimpfliche Maßregeln nehmen werde, wenn der Graf von Taxis seine Ansprüche erneuern möchte. »Sintemal das Jus Postarum, als welches unter die Landesfürstliche Regidia gehört, Uns in allen Unseren Landen unstreitig allein zustehet.«[1])

Es bildeten sich alsbald in den größeren deutschen Territorien besondere Staatspostinstitute als Ausfluß der Landeshoheit, und auch diejenigen Landesherren, in deren Gebieten die Familie Taxis das Postregal ausübte, stellten in Abrede, daß diese Ausübung auf kaiserlicher Verleihung beruhe, daß dieselbe vielmehr vermöge ihrer landesherrlichen Bewilligung geschehe. Erwähnenswert ist hier vor allem Friedrichs des Großen Postordnung für die preußischen Provinzen vom 26. November 1782, die die bedeutendste ist sowohl an Umfang wie auch an innerem Wert. Es bestanden also, wie bereits erwähnt, Reichs- und Territorialposten nebeneinander. Eine einheitliche Gesetzgebung war daher während des Bestehens des heiligen Römischen Reiches deutscher Nation vollständig ausgeschlossen.

Es war also der Weg der Landesgesetzgebung, auf den die Ausbildung des deutschen Postrechtes angewiesen war. Allein, bei der Verschiedenheit der Auffassungen, die einer Postgesetzgebung in den verschiedenen Regierungen zugrunde lagen, bei dem gänzlichen Mangel an übereinstimmenden Grundsätzen über die Begrenzung und den Schutz des Postregals und des Postzwanges, über die rechtliche Natur der Posttransportgeschäfte, über die Haftpflicht der Postanstalten und über andere wichtige Fragen des

---

[1]) Vgl. Matthias, Darstellung des Postwesens in den preußischen Staaten 2. Aufl., Bd. I., S. 294.

Postrechtes (Taxen und Gebührensätze)[1]), war in den letzten Jahrzehnten des 18. Jahrhunderts das deutsche Postwesen einer heillosen Zersplitterung anheimgefallen.[2])

So kam das Jahr 1806 heran. Das alte Römische Reich brach zusammen. Aber auch der Deutsche Bund vermochte an der Verfahrenheit der deutschen Postgesetzgebung wenig zu ändern. Der Artikel 17 der deutschen Bundesakte vom 8. Juni 1815 beschränkte sich lediglich auf die Anerkennung der Ansprüche des fürstlichen Hauses Thurn und Taxis, auf den Besitz und Genuß der in den verschiedenen Bundesstaaten von ihm besessenen Posten und bestimmte, »daß das fürstliche Haus Thurn und Taxis in dem durch den gedachten Reichs-Deputations-Hauptschuß (Artikel 13 vom 25. Februar 1803, worin der Status quo des Thurn und Taxisschen Postwesens in seiner ganzen Vollständigkeit, so wie es zur Zeit des Lüneviller Friedens bestanden hatte, garantiert wurde) oder spätere Verträge bestätigten Besitz und Genuß der Posten in den verschiedenen Bundesstaaten bleibe, solange nicht etwa durch freie Übereinkunft anderweitige Verträge abgeschlossen werden sollten, und daß demselben in jedem Falle, infolge des zitierten Artikels 13, seine auf Belassung der Posten oder auf eine angemessene Entschädigung gegründeten Rechte und Ansprüche versichert werden«. Infolgedessen bewilligten mehrere deutsche Staaten, namentlich auch Preußen, dem fürstlichen Hause Thurn und Taxis vertragsmäßige Entschädigungen. Preußen gewährte durch den Vertrag vom 4. Juni 1816 eine Jahresrente und durch den Vertrag vom 11. Mai 1819 statt dessen das nutzbare Eigentum des Fürstentums Krotoschin in der Provinz Posen.[3])

---

[1]) So erzählt Klüber in »Das Postwesen in Deutschland« 1811, S. 121: »Für ein Paket, welches mit dem Postwagen von Berlin nach Frankfurt a. M. gesendet wird, muß n e u n f a c h verschiedenes Porto gezahlt werden: 1. preußisches, 2. königlich sächsisches, 3. kaiserlich französisches (zu Erfurt), 4. sachsen-weimarisches, 5. sachsen-gothaisches, 6. sachsen-weimarisches zu Eisenach, 7. königlich westfälisches, 8. großherzoglich hessisches (Taxissches), 9. großherzoglich frankfurtisches (Taxissches). Die Adresse ist gewöhnlich so sehr mit Postzeichen und Ziffern beschmiert, daß oft bei dem Nachrechnen nicht auf das Klare zu kommen ist. Läuft das Paket bis Basel, ist das zu zahlende Porto z w ö l f f a c h verschieden.«

[2]) Bezeichnend für die damaligen Zustände ist, daß sogar für das kleine Fürstentum Eisenach unterm 26. April 1770 eine eigene »Fürstlich-Sächsische Post- und Taxordnung in dem Fürstentum Eisenach« erschien.

[3]) Vgl. Matthias, Über Posten und Postregale, Berlin 1852, S. 144.

Auch während des Bestehens des Deutschen Bundes blieb also die Entwicklung der deutschen Postgesetzgebung lediglich auf die Rechtsbildung innerhalb der einzelnen Staaten Deutschlands angewiesen. In den meisten Staaten erfolgte die Regelung der Postverhältnisse im Wege der Verordnung. Nur in einigen Staaten, in denen schon konstitutionelle Verfassungen eingeführt waren, wurde der Weg der förmlichen Gesetzgebung beschritten. In Preußen erklärte das Gesetz über das Postwesen vom 5. Juni 1852 alle bisherigen allgemeinen und besonderen Bestimmungen über das Postwesen, insoweit es darüber verfügte, für aufgehoben und führte eine gesetzliche Regelung der gesamten Rechtsverhältnisse des Postwesens herbei. Der Umfang des Postregals und des Postzwanges wurde festgesetzt, desgleichen die Garantieleistung und die besonderen Vorrechte der Posten, sowie eine klare Abgrenzung der durch das Gesetz zu fixierenden und der durch reglementarische oder administrative Anordnungen zu erledigenden Gegenstände getroffen. Vor allem aber wurde durch das Gesetz vom 21. Mai 1860 der Umfang des Postregals und der postzwangspflichtigen Gegenstände noch erheblich eingeschränkt.

Bald trat die Notwendigkeit zutage, für den Verkehr der verschiedenen deutschen Postverwaltungen untereinander übereinstimmende Grundsätze zu vereinbaren. Nachdem bereits früher durch Verträge einzelner Postverwaltungen untereinander eine umfassendere Einigung vorbereitet worden war, kam es im Jahre 1850 zur Gründung des Deutsch-Österreichischen Postvereins. Der ursprüngliche Staatsvertrag vom 6. April 1850 wurde am 5. Dezember 1851 durch einen revidierten Postvereinsvertrag ersetzt: »Der Deutsch-Österreichische Postverein bezweckt die Feststellung gleichmäßiger Bestimmungen für die Taxierung und postalische Behandlung der Brief- und Fahrpostsendungen, welche sich zwischen verschiedenen zum Verein gehörigen Postgebieten oder zwischen dem Vereinsgebiet und dem Ausland bewegen.«

Bestimmungen hinsichtlich des Postzwanges wurden jedoch nicht vereinbart.[1])

Die Nachtragsverträge vom 3. September 1855 und 26. Februar 1857 brachten in mehreren Beziehungen Ergänzungen und Abänderungen und wurden schließlich am 18. August 1860 durch

[1]) Vgl. Preußische Gesetzsammlung 1852, S. 401 ff.

den zwischen den Regierungen von Österreich, Preußen, Bayern, Sachsen, Hannover, Württemberg, Baden, Luxemburg, Mecklenburg-Schwerin und -Strelitz, Oldenburg, Lübeck, Bremen und Hamburg sowie den Fürsten von Thurn und Taxis abgeschlossenen Postvereinsvertrag ersetzt.[1]) An Stelle dieses Vertrages trat am 23. November 1867 der Postvertrag zwischen dem Norddeutschen Bunde, Bayern, Württemberg und Baden einerseits und Österreich-Ungarn andererseits[2]) und am 7. Mai 1872 der Postvertrag zwischen Deutschland und der Österreichisch-Ungarischen Monarchie.[3])

Aber auch die vertragsmäßige Regelung der wechselseitigen Verkehrsbeziehungen vermochte den Mangel einer einheitlichen Gesetzgebung in den deutschen Staaten selbst nicht zu beseitigen, im Gegenteil: gerade der Artikel 3 des Deutsch-Österreichischen Postvereinsvertrages bestätigte die große Mannigfaltigkeit von Postregalrechten und Postzwangsbestimmungen. In einem Staate erstreckt sich der Postzwang nur auf die Versendung von Briefen, in dem anderen auf Briefe, Sachen und Personentransporte, in dem anderen auf Briefe und Extrapostbeförderungen. In einem Staate sind Pakete bis zu 40 Pfund, in dem anderen bis zu 20 Pfund postzwangspflichtig. In weiteren Staaten bestehen wieder andere Normen. Der bekannte postalische Schriftsteller Hüttner hat in seiner Denkschrift »Die Zentralisation der deutschen Posten« einen Raum von acht Seiten nötig gehabt, um die 22 verschiedenen deutschen Postregals- und Postzwangsbestimmungen gedrängt darzustellen.

Als der Verkehr in Deutschland in den sechziger Jahren immer mehr an Ausdehnung gewann, machten sich die bestehenden Übelstände in erhöhtem Maße geltend. Schon im Jahre 1819 hatten die bei dem großen internationalen Verkehr am meisten beteiligten Hansastädte Hamburg, Bremen und Lübeck beim deutschen Bundestage auf die Vorteile hingewiesen, die aus der Errichtung einer einheitlichen Gesetzgebung für ganz Deutschland sich ergeben müßten. Diese Städte stellten daher den Antrag, »daß von dem Bunde gemeinschaftlich Maßregeln getroffen werden möchten, um die möglichste Schnelligkeit und Wohlfeilheit der Postkommuni-

[1]) Vgl. Preußische Gesetzsammlung 1861, S. 25 ff.

[2]) Vgl. Bundesgesetzblatt 1868, S. 69 ff.

[3]) Reichsgesetzblatt 1873, S. 1 ff.

kation zu bewirken.[1]) Aber vom deutschen Bundestage konnte man die Herstellung der deutschen Einheit auch auf diesem Gebiete nicht erwarten, und der Antrag blieb erfolglos.

Schon die auf der deutschen Nationalversammlung in Frankfurt beschlossene deutsche Reichsverfassung hatte der Reichsgewalt das Recht der Gesetzgebung und die Oberaufsicht über das Postwesen beigelegt. Daran hielt auch der Entwurf einer Reichsverfassung fest, welche dem sog. Dreikönigsbündnisse vom 26. Mai 1849 zwischen Preußen, Sachsen und Hannover zugrunde gelegt ward, nämlich daß der Reichsgewalt das Recht der Gesetzgebung und die Oberaufsicht über das Postwesen zu überweisen sei. In gleicher Weise verlangten die von Preußen in der Sitzung des Bundestages vom 14. Juni 1866 vorgelegten »Grundsätze einer neuen, den Zeitverhältnissen entsprechenden Einigung«, daß das Postwesen zu den der Gesetzgebung und Oberaufsicht der Bundesgewalt unterliegenden Angelegenheiten gehören solle.

So lagen die Dinge, als das Jahr 1866 herankam. Immer klarer wurde es, daß ohne eine einheitliche deutsche Staatsgewalt an eine einheitliche Postgesetzgebung nicht zu denken sei. Am Schlusse dieses Jahres gab es in 22 deutschen Staaten noch zehn selbständige Postverwaltungen: in Preußen (das seit den Kriegen 1864 und 1866 auch in Hannover und den Herzogtümern Schleswig und Holstein das Postregal ausübte) sowie auch schon auf Grund besonderer Verträge in Anhalt, Waldeck, einem Teil der Fürstentümer Schwarzburg-Rudolstadt und Schwarzburg-Sondershausen und in den oldenburgischen Fürstentümern (Birkenfeld), Sachsen (mit Sachsen-Altenburg), Mecklenburg-Schwerin und -Strelitz, Oldenburg, Braunschweig, Lübeck, Bremen und Hamburg. Alle diese Staaten besaßen eigene Postverwaltungen. Daneben bestand das Thurn und Taxissche Postwesen noch bis zum 1. Juli 1867. Am 28. Januar 1867 hatte der Fürst von Thurn und Taxis seine ganze Postgerechtsame in sämtlichen noch derselben unterliegenden Staaten und Gebieten gegen eine Entschädigung von 3 Millionen Taler auf Preußen übertragen.

Die großen politischen Ereignisse der Jahre 1864 und 1866 führten denn zu einer durchgreifenden Umgestaltung des Postwesens. Es war klar, daß die Post als eine der größten und wichtigsten

---

[1]) Vgl. Protokoll der Bundesversammlung von 1819, S. 479 ff.

Verkehrsanstalten des Staates auch unter den veränderten Verhältnissen berufen sein mußte, dem neuen Staatswesen zu dienen und einen wesentlichen Anteil an der Förderung der Wohlfahrt des Reiches zu nehmen. Sollte sie aber als Hauptbeförderungsmittel der materiellen und geistigen Güter ihren Zweck möglichst vollkommen erfüllen, so mußte die Einrichtung des Postwesens in allen Bundesstaaten nicht nur nach einem Muster erfolgen, sondern es sollte auch die Leitung und Gesetzgebung insbesondere eine einheitliche werden. Dieses Ideal verwirklichte der Norddeutsche Bund. Der Artikel 4 Ziff. 10 der Verfassung des Norddeutschen Bundes legte dem Bunde nicht nur das Recht der Gesetzgebung und Beaufsichtigung über das Post- und Telegraphenwesen bei, sondern der Artikel 48 derselben bestimmte auch, daß das Post- und Telegraphenwesen für das gesamte Gebiet des Norddeutschen Bundes als einheitliche Staatsverkehrsanstalt einzurichten und zu verwalten sei.[1])

Die Bestimmungen des Artikels 49 ff. der Verfassung des Norddeutschen Bundes sind nach Errichtung des Deutschen Reiches in die Reichsverfassung mit den aus der Sachlage sich ergebenden redaktionellen Modifikationen übergegangen.[2])

III. Konstruktion des Postzwanges im Norddeutschen Bunde (1867).

Am 22. August 1867 ging dem Bundesrat ein »Entwurf zu dem Gesetze über das Postwesen des Norddeutschen Bundes« zu. Derselbe schloß sich in formeller und materieller Beziehung eng an das preußische Postgesetz vom 5. Juni 1852 an, welches die Bestimmungen über den Postzwang bereits enthielt.[3]) Die hier in Frage kommenden Paragraphen lauteten dort:

§ 1. Die Befugnis, Personen oder Sachen gegen Bezahlung mit unterwegs gewechselten Transportmitteln oder zwischen bestimmten Orten mit regelmäßig festgesetzter Abgangs- oder Ankunftszeit zu befördern, steht ausschließlich dem Staate zu und macht das Postregal aus.

[1]) Gesetz über das Postwesen des Norddeutschen Bundes vom 2. Nov. 1867.

[2]) Gesetz über das Postwesen des Deutschen Reiches vom 28. Oktober 1871.

[3]) Vgl. Preußische Gesetzsammlung 1852, S. 345.

§ 5. Dem Postzwang sind unterworfen und dürfen daher ausschließlich nur durch die Post versendet werden:

1. alle versiegelten, zugenähten oder sonst verschlossenen Briefe,
2. alle nach dem Gesetze vom 2. Juni d. Js. einer Stempelsteuer unterliegenden Zeitungen und Anzeigeblätter,
3. gemünztes Geld und Papiergeld, ungemünztes Gold und Silber, Juwelen und Pretiosen ohne Unterschied des Gewichts,
4. alle Pakete bis zum Gewichte von 20 Pfund einschließlich, jedoch mit Ausnahme solcher Sachen, welche die Posten reglementmäßig anzunehmen nicht verpflichtet sind.

Die Postzwangspflichtigkeit einer Sendung wird dadurch nicht ausgeschlossen, daß mehrere Pakete von postzwangspflichtigem Gewicht unter einer Adresse aufgegeben werden, oder daß mehrere an verschiedene Empfänger oder von verschiedenen Versendern an einen Empfänger bestimmte Pakete von postzwangspflichtigem Gewichte in ein Gebind zusammengepackt oder dem Gegenstande der Sendung andere Gegenstände lediglich zu dem Zweck beigepackt werden, um für ein Paket das Gewicht von mehr als 20 Pfund zu erreichen.

Die Annahme und Beförderung eines postzwangspflichtigen Gegenstandes darf von der Post, sofern die Vorschriften über Adressierung, Verpackung usw. beobachtet sind, nicht verweigert, insbesondere darf keine postzwangspflichtige inländische Zeitung, so lange überhaupt der Vertrieb der Zeitungen im Wege des Postdebits erfolgt, von demselben ausgeschlossen und ebensowenig darf bei der Normierung der für die Beförderung und Debitierung der verschiedenen inländischen Zeitungen zu erhebenden Provision nach verschiedenen Grundsätzen verfahren werden.

§ 7. Postzwangspflichtige Gegenstände können durch expresse Boten oder Fuhren versandt werden. Doch darf ein solcher Expresser von nur einem Absender abgeschickt sein und Gegenstände für andere weder mitnehmen noch zurückbringen.

Diese Paragraphen des preußischen Postgesetzes vom 5. Juni 1852, die die damaligen Postverhältnisse in wahrhaft ungünstigem Lichte beleuchten, wurden im eingangs erwähnten Entwurf vom 22. August 1867 folgendermaßen abgeändert[1]):

[1]) Vgl. Drucksachen des Bundesrats 1867, Nr. 7.

§ 2. Die Beförderung

1. aller versiegelten, zugenähten oder sonst verschlossenen Briefe,
2. aller Zeitungen politischen Inhalts

gegen Bezahlung von Orten mit einer Postanstalt nach anderen Orten mit einer Postanstalt des In- oder Auslandes ist verboten.

Unverschlossene Briefe, welche in versiegelten, zugenähten oder sonst verschlossenen Paketen befördert werden, sind den verschlossenen Briefen gleichzuachten. Es ist jedoch gestattet, versiegelten, zugenähten oder sonst verschlossenen Paketen, welche auf andere Weise als durch die Post befördert werden, solche unverschlossenen Briefe, Fakturen, Preiskurante und ähnliche Schriftstücke beizufügen, welche den Inhalt des Pakets betreffen. (§ 35 im Postgesetz vom 5. Juni 1852.)

§ 3. Die Beförderung von Briefen und politischen Zeitungen (§ 2) gegen Bezahlung durch expresse Boten oder Fuhren ist gestattet. Doch darf ein solcher Expresser von nur einem Absender abgeschickt sein und dem Postzwang unterliegende Gegenstände weder von anderen mitnehmen noch für andere zurückbringen. (§ 7 im Postgesetz vom 5. Juni 1852.)

§ 4. Die Annahme und Beförderung von Briefen und politischen Zeitungen (§ 2) darf von der Post usw. (wie im § 5 des Postgesetzes vom 5. Juni 1852 mit geringen redaktionellen Änderungen).

Wie hieraus ersichtlich, lehnt sich der Entwurf vom 22. August 1867 eng an das preußische Postgesetz vom 5. Juni 1852 an, welches sich in einer 15jährigen Praxis wohl bewährt hatte. Auch hier wurde, wie in dem inzwischen erlassenen Gesetze vom 21. Mai 1860, der Umfang des Postzwanges bedeutend eingeschränkt. Der Bundesrat beriet den Entwurf und nahm ihn in allen wesentlichen Punkten unverändert an. Am 17. September wurde der Entwurf dem Reichstage des Norddeutschen Bundes vorgelegt.

Die Motive für diesen Entwurf führten folgendes aus:

Man war sich klar darüber, daß der Abschnitt I zum Gesetze über das Postwesen, enthaltend die Bestimmungen über den Postzwang, prinzipiell der wichtigste Abschnitt des ganzen Gesetzes sei und deshalb vorzugsweise ein näheres Eingehen erheische. Bei Ziehung der Grenzen zwischen Freiheit des Verkehrs und Postzwang seien Rücksichten verschiedener Art maßgebend, zunächst meist finanzielle. Eine gutgeleitete Postverwaltung in verkehrsreichen Ländern sei eine Finanzquelle. Daher sei man geneigt, den gegenüberstehenden Anforderungen so weit nachzugeben, als dies ohne finanzielle Einbuße möglich sei. Denn die finanzielle Rücksicht dürfe nicht allein entscheidend sein. Daß der Staat die Post mit Einbuße verwalten solle, werde niemand fordern. »Indem er aber seine Einrichtungen so bemißt, daß er einerseits fortwährend imstande bleibt, im großen und ganzen, wobei Übertragung schlecht rentierender Zweige und Routen durch besser rentierende überall vorkommen wird, den Anforderungen des Verkehrs in vollem Umfange zu genügen, andererseits aber gegen Einbußen gesichert ist, wird er stets Überschüsse machen, welche mit dem steigenden Verkehr ebenfalls wachsen. Wenn man ferner bedenkt, daß gerade die größten Überschüsse meist durch diejenigen Linien der Post erzeugt werden, welche von derselben gegen so kleine Vergütungen erfolgen, daß keine Privatindustrie in der Lage wäre, bei gleicher Sicherheit ähnliches zu leisten, wie die Geschäfte der dem Postzwange unterliegenden Briefpost, so wird man es auch für sehr erklärlich halten müssen, daß die Forderung, die Postverwaltung ihrer Eigenschaft als Finanzquelle gänzlich zu entkleiden, unbillig sei.«

Die volkswirtschaftlichen Rücksichten ständen in einem nur scheinbaren Gegensatz zu den finanziellen. Erstere fordern tunlichste Erleichterung des Verkehrs. Ließe der Staat freie Konkurrenz zu und gäbe das ausschließliche Postrecht frei, so würden die volkswirtschaftlichen Rücksichten nicht entfernt in dem gleichen Maße gewahrt bleiben. »Eine gut organisierte und sichere Postbeförderung gehört unbestritten heutzutage zu den unerläßlichen Bedingungen der Volkswohlfahrt. Unsichere und schwankende Zustände in dieser Beziehung vermöchte der Verkehr, was Briefe anbelangt, gar nicht zu ertragen. Es muß mit Recht bezweifelt werden, ob Privatunternehmer in bezug auf Sicherheit und Stetigkeit je gleiches leisten könnten wie die Staatspost tatsächlich leistet.« Die Staatspost müsse im Besitze ihrer Rechte bleiben. Dazu gehöre aber, daß ihr ein gewisses Gebiet ausschließlich gesichert werde, da man sie den Chancen der freien Konkurrenz nicht so weit preisgeben dürfe, daß ihr finanzielles Bestehen und damit auch die Regelmäßigkeit und Stetigkeit ihrer Leistungen gefährdet sein können.

Mindestens müsse ihr ein Sondergebiet insofern vorbehalten bleiben, als ihr das alleinige Recht auf Beförderung derjenigen Gegenstände zustehen müsse, für die die Staatspost durch Privatindustrie nicht vollständig ersetzt werden könne. Derjenigen Dinge jedoch, die für die Staatspost wenig oder gar nicht rentieren, soll sich die Post entledigen, vor allen derjenigen Transportgegenstände, die ebensogut durch Privattransport befördert werden könnten. Das Sondergebiet, das der Staatspost vorbehalten bleiben müsse, sei die Beförderung der Briefe und politischen Zeitungen. Die Gesetze über den Postzwang seien in allen Staaten verschieden. Nur die Briefe unterlägen demselben überall. Auf Grund dieser Ausführungen wurden daher folgende vier Punkte normiert:

1. Dem Postzwang unterliegen Briefe im engeren Sinne und nur, wenn sie gegen Bezahlung befördert werden,
2. die Postzwangspflicht der Zeitungen wird auf politische Zeitungen beschränkt (tatsächlich werden alle Zeitungen durch die Post befördert),
3. für Sachen fällt jeder Postzwang weg,
4. für Personenbeförderung wird der Postzwang eingeschränkt.

Nach allen Seiten machte sich also eine Verminderung des Postzwanges geltend. Diese Tendenz nach Verengerung der Grenzen trat, wie hier eingefügt werden muß, schon überall deutlich hervor in den Jahren nach 1852, zum Teil waren die Bestimmungen des Postzwanges vom Postgesetz vom 5. Juni 1852 schon in einem »Gesetz, betreffend die Abänderung mehrerer auf das Postwesen sich beziehender Vorschriften«[1]) vom 21. Mai 1860, aufgehoben werden. Der § 1 dieses Gesetzes schafft den Postzwang für ungemünztes Gold und Silber, Juwelen und Pretiosen, sowie für Pakete bis zu 20 Pfund ab, erhält im übrigen aber die Bestimmungen des Postgesetzes von 1852 ganz und gar aufrecht.

Der Reichstag überwies den Entwurf zur Vorbereitung an eine Kommission. Diese unterzog denselben einer äußerst sorgfältigen Beratung, erklärte sich in allen wesentlichen Punkten einverstanden und erstattete dem Plenum Bericht[2]):

---

[1]) Vgl. Preußische Gesetzsammlung 1860, S. 209.

[2]) Vgl. Bericht der Kommission des Reichstages des Norddeutschen Bundes über den Entwurf eines Gesetzes über das Postwesen (Nr. 7 der Drucksachen).

Zunächst, so heißt es dort, unterlag der Entwurf einer Vorprüfung durch den Bevollmächtigten des Bundesrats, Kgl. preuß. Generalpostdirektor v. Philipsborn, und den Kgl. sächs. Ministerialdirektor Dr. Weinlig sowie den vom Bundesrat ernannten Kommissarius Kgl. preuß. Geh. Postrat Dr. Dambach. Den hauptsächlichsten Gegenstand der allgemeinen Debatte bildeten in sieben Sitzungen die Bestimmungen des ersten Abschnittes über den Umfang des Postzwanges und des Postregals. Das Postmonopol auf dem Gebiete der Personenbeförderung wurde, nachdem es ja nun Eisenbahnen gäbe, als ein nachteiliger Anachronismus bezeichnet. Die freie Entwicklung des Personentransportes befördere den materiellen wie geistigen Verkehr, erweitere die Anschauungen der Menschen, fördere Bildung und Gemeinsinn. Das Postmonopol für Personentransport müsse demnach unbedingt aufgegeben werden. Dagegen sei es unbedingt notwendig, daß der Postzwang für Briefe und politische Zeitungen aufrechterhalten bleiben müsse. In England und Frankreich befördere die Post nur Briefe, Kreuzband- und Mustersendungen. Was die Paketbeförderung anlangt, so ziehe das Publikum die Post ohnehin vor mit ihren sicheren, regelmäßigen und prompten Leistungen; denn obwohl 1860 für ordinäre Pakete und Edelmetalle der Postzwang aufgehoben worden sei, so seien dennoch Privatpaketbeförderungsanstalten, wenn auch mehrfach versucht, nicht aufgekommen. Ja, das Publikum würde sogar in die peinliche Verlegenheit geraten, wenn ihnen diese Transportgelegenheit genommen würde. Dieser Deduktion schlossen sich die Bundeskommissäre an.

Was die Aufhebung des praktisch übrigens nicht durchführbaren Verbotes unentgeltlicher Mitnahme von Briefen anlange, so habe dieselbe überall große Befriedigung erregt, »da es als widerwärtig tief empfunden wurde, sich einer Defraude schuldig zu machen, wenn man eine Gefälligkeit erwies, um persönliche Anknüpfungspunkte zu suchen oder unentbehrliche Empfehlungsschreiben mit sich führte.« (§ 5 des Postgesetzes vom 5. Juni 1852.)

Was den Postzwang für Zeitungen betrifft, so war derselbe schon ebenfalls 1860 beschränkt worden. Für die nichtpolitischen Blätter, hatte man damals geltend gemacht, sei die Postzwangspflicht ungerechtfertigt, weil für sie der Postdebit und die Postbeförderung nicht den gleichen Wert habe, indem es bei ihnen den Lesern nicht darauf ankomme, die Blätter in der kürzest möglichen Frist zu bekommen. Aus der Postzwangspflicht der wissenschaftlichen Journale, welche durch dieselbe erheblich verteuert würden, gingen der Literatur, dem Publikum, sowie dem Buchhandel die größten Nachteile hervor, namentlich sei es eine Lebensfrage für den deutschen Sortimentsbuchhandel, daß er seine Transportkosten auf das möglichst geringste Maß herabsetze.

Im Reichstage fand die Plenumberatung über den Gesetzentwurf am 19. Oktober, die Schlußabstimmung am 21. Oktober[1]) statt. Bei der Beratung des § 2 (Postzwang) beantragte der Abgeordnete Grumbrecht die Aufhebung des Postzwanges für Briefe, wie dies bereits für den Personentransport geschehen war. Generalpostdirektor von Philipsborn und Abg. Becker (Dortmund) traten ihm in längerer Rede entgegen: »Es würden Berufungen unabsehbarer Art eintreten; es würde das Postwesen in seinen Leistungen überhaupt erschüttert werden. Es handle sich hier um ein monopolisierendes Staatsinstitut. Man sei darüber einig, daß nicht die fiskalischen Interessen den Ausschlag geben könnten, wenigstens nicht allein, sondern daß es darauf ankomme, ob der Zweck einer Anstalt besser erreicht wird, wenn sie vom Staate und zwar monopolistisch betrieben wird, als wenn sie dem freien Verkehr, der freien Konkurrenz preisgegeben ist. Die Briefbeförderung geschehe leichter, sicherer und wohlfeiler durch den Staat.«

Der Antrag des Abgeordneten Grumbrecht wurde abgelehnt und das Gesetz beinahe unverändert angenommen. Es wurde am 2. November 1867 Allerhöchst vollzogen und trat mit dem 1. Januar 1868 in Kraft.[2])

IV. Konstruktion des Postzwanges im Deutschen Reiche (1871).

Nachdem sich das Gesetz vom 2. November 1867 in vierjähriger Praxis bewährt hatte, machte die Gründung des Deutschen Reiches im Jahre 1871 von neuem eine gesetzliche Regelung des deutschen Postwesens notwendig. Man brauchte ein einheitliches Postgesetz für den Umfang des ganzen Reiches und mußte den

[1]) Vgl. Sten. Berichte.

[2]) Vgl. Bundesgesetzblatt 1867, S. 61.

Entwurf eines neuen Gesetzes ausarbeiten, welches auch in Bayern und Württemberg eingeführt werden konnte. Bei dieser Gelegenheit wollte man nicht unterlassen, eine Reihe tiefgreifender Verkehrserleichterungen eintreten zu lassen.

Da hob man die noch bestehende Beschränkung in der Personenbeförderung auf.

Der Entwurf ward dem Deutschen Reichstage am 1. Mai 1871 vorgelegt.[1]) Im Plenum des Reichstages fand die erste Beratung des Entwurfes am 5. Mai, die zweite am 12. und 13. Mai, die dritte am 16. und 23. Mai 1871 statt.

Die Erörterung drehte sich wiederum um die Frage, in welchem Umfang der Postzwang aufrechterhalten werden solle. In der Sitzung vom 5. Mai trat der Abgeordnete Dr. Seelig für Erhaltung der Privatpostanstalten in einem gewissen Umfang ein. Er führte folgendes aus:

Es sei hier noch einmal der Moment gegeben, wo man noch einmal die Berechtigung des Postmonopols erwägen könne. Es bestände kein Zweifel, daß die finanziellen Gründe die sekundären seien, die primären aber eine möglichste Förderung des Verkehrswesens.

»Wenn das Postmonopol aufgehoben wird, so wird eine gewisse Konkurrenz der Privatanstalten eintreten. Eine solche Konkurrenz halte ich aber nicht bloß für das Publikum, sondern auch für das Postwesen in vieler Beziehung für sehr wohltätig.«

Eine Staatsanstalt könne nicht experimentieren, wohl aber ein Privatunternehmen. Dieses könne das Terrain untersuchen, auf dem gearbeitet wird. Erwiese sich der Grund und Boden als stark genug, dann könne die schwere Staatsmaschine folgen. Er sei der Überzeugung, die Konkurrenz der Privatanstalten könne auf dem Gebiet des Postwesens manche nützliche Fingerzeige und Lehren erteilen. Neben der Staatsindustrie könne eine Privatindustrie bestehen. Die Post unterhalte Routen, die keinen Gewinn brächten; der Überschuß aus anderen müsse den Schaden decken. Die Privatindustrie dagegen bearbeite allerdings nur die guten Routen, trotz alledem könne die Staatsindustrie die Konkurrenz mit jeder Privatindustrie aufnehmen. Sie habe nicht nur sicherere und umfassendere Verbindungen, sondern auch Privilegien wie z. B. die

---

[1]) Vgl. Drucksachen des Reichstages 1871, S. 87.

freie Benutzung der Eisenbahnen und Chausseen. Es müsse also eine Bilanz aufgestellt werden, eine Wahrscheinlichkeitsberechnung, wie etwa die Verhältnisse sich ändern würden, wenn dem Postzwang in einem gewissen Grade ein weiterer Einhalt geboten würde. Er möchte daher die Abschaffung des Postzwanges beantragen, falls ihm nicht auf bestimmter statistischer Grundlage die Notwendigkeit einer Erhaltung desselben nachgewiesen würde.

Die Richtigkeit dieser Ausführungen bestritt der Abgeordnete Grumbrecht. Er erklärte, die Aufhebung des Briefzwanges würde den Ruin der Staatspostverwaltung bedeuten. Die Privatpostanstalten würden sich die günstigen Routen heraussuchen, große Gesellschaften würden sich bilden, die die Briefbeförderung in gewissen Gegenden übernähmen, wo eine gute Einnahme gewährleistet sei, z. B. in Berlin. Der Post bliebe dann nur die Briefbeförderung in Gegenden, wo sie nichts einbringen kann. Man würde damit die wohltätigen Wirkungen der Post außerordentlich schmälern und schließlich dahin kommen, daß man die Postanstalten nicht aus ihren eigenen Einnahmen erhalten könnte, sondern daß man aus dem allgemeinen Staatssäckel noch Zuschüsse leisten müsse. Er sei überzeugt, »daß der allgemeine Briefzwang nicht aufgehoben werden könne, und daß man die Nachteile in kleinen Kreisen tragen müsse wegen der großen Vorteile, welche die Postanstalten gewähren«. Der Abgeordnete Becker fügte hinzu, er sei überzeugt, daß der bei weitem größte Teil des Publikums sich auch dann noch der Post bedienen würde, wenn das Monopol aufgehoben sei. Aber dennoch halte er es für notwendig, daß der Briefzwang erhalten bleibe. Hierauf ergriff der Generalpostdirektor Stephan das Wort, Preußen verhalte sich am liberalsten zum Postzwang. England habe den Postzwang zwar nur für Briefe, aber für die Zeitungen bestehe auch ein Zwang, wenn auch nur ein indirekter. In Frankreich sei der Umfang des Postzwanges ein viel größerer, dort unterläge demselben jede Art schriftlicher Mitteilungen bei einer Strafe von 300 Fr. Alle Zeitungen, alle Drucksachen, jeder Theaterzettel, Rechnungen, offene Fakturen etc. seien inbegriffen. Auch in Italien bestände der Postzwang für Briefe und Zeitungen. Bei allen Völkern bestände der Briefzwang. Auf dem internationalen Postkongreß 1863 in Paris habe nur ein einziger Abgeordneter für Abschaffung des Postmonopols gesprochen. Er fügte wörtlich hinzu: »Den Postzwang für Briefe abzuschaffen oder zu durchlöchern, wäre dem Gesamtinteresse äußerst schädlich. Das Briefmonopol ist die Rückenwirbelsäule des ganzen Postwesens und dasselbe aufzuheben und gleichwohl zu verlangen, daß die Post wie bisher funktioniere, das ist gerade so, als wenn Sie jemandem die Beine zerschlagen und sagen wollten: »Nun laufe!« Wenn Sie uns den Briefzwang entziehen, meine Herren, ich möchte dann nicht zu denen gehören, die noch Briefe schreiben und darauf rechnen, daß dieselben pünktlich befördert werden.«

Die Anträge, erstens: den Briefzwang innerhalb des zweimeiligen Umkreises vom Absendungsorte fallen zu lassen, und zweitens: nur die gewerbsmäßige Beförderung von Briefen zu verbieten, wurden abgelehnt.

Nicht so einfach lag die Sache hinsichtlich der Frage, ob der Postzwang für politische Zeitungen aufzugeben sei. In den Beratungen vom 13. und 16. Mai entspannen sich über dieses Problem uferlose Debatten. Man machte geltend, den Postzwang für politische Zeitungen aufzuheben, geschähe

1. im Interesse der geistigen Entwicklung und Bildung des Volkes;
2. ein erheblicher finanzieller Schaden würde daraus für die Post nicht erwachsen;
3. dieser Postzwang werde in Bayern und Württemberg, wo er bisher noch nicht geherrscht, schwer empfunden werden.

Der Abgeordnete Richter trat am 16. Mai 1871 in einer langen Rede für Aufhebung des Zeitungsmonopols ein. Der Abgeordnete Becker hielt in Vertretung der Volksinteressen an dem Satz fest: »Jedes Monopol muß da seine Grenzen finden, wo die Vorteile, welche es bietet, geringer werden als die Nachteile, welche aus ihm erwachsen.«

Der Reichstag entschied sich dafür, im allgemeinen den Postzwang für politische Zeitungen beizubehalten und nahm nur die Beschränkung auf, daß der Postzwang sich auf die Beförderung innerhalb des zweimeiligen Umkreises vom Ursprungsorte der Zeitung nicht erstrecken solle, da die Post nicht imstande sei, die Versendung der Zeitungen auf nahe Entfernungen so schnell und so oft zu bewirken wie der Buchhandel.

Die sofortige Annahme des Gesetzes erlitt eine mehrmonatliche Verzögerung, am 18. Oktober 1871 ward der Gesetzentwurf in der bereits beschlossenen Fassung dem Reichstag nochmals zur Genehmigung vorgelegt und von diesem ohne jegliche Diskussion abermals genehmigt. Am 28. Oktober 1871 war das Gesetz vom Kaiser vollzogen und in Nr. 42 des Reichsgesetzblattes veröffentlicht. Es trat in Kraft am 1. Januar 1872.

V. Die volkswirtschaftliche Bedeutung des Postzwanges.

Wir haben im Vorausgegangenen anläßlich der für das Verständnis des Folgenden unumgänglich notwendigen Darstellung der Entwicklung des Postzwangsparagraphen jede Gelegenheit wahrgenommen, die Beziehungen desselben zur Volkswirtschaftslehre hervorzuheben. Dabei sind bereits einige wichtige Gesichtspunkte zutage getreten, die sich im wesentlichen in jenen Satz zusammenfassen lassen, den Staatssekretär Stephan am 6. Mai 1871 im Reichstag prägte: »Das Briefmonopol ist die Rückenwirbelsäule des ganzen Postwesens.«

Der fragliche Paragraph — der sog. Postzwangsparagraph — besagt, daß geschlossene Briefe und politische Zeitungen nur durch die Staatspost befördert werden dürfen. Wenn es wahr ist, daß dieser Paragraph die »Rückenwirbelsäule« des gesamten Postwesens bildet, so läge zunächst die Frage nahe: Welche Stellung nimmt ein Institut, wie das der Post, im Leben der Völker ein? Diese Frage sowohl wie die Antwort, die darauf gegeben werden muß, gehört natürlich nicht in den Rahmen dieser Abhandlung; beide — Frage und Antwort — seien nur kurz erwähnt zur Einführung für das Verständnis des volkswirtschaftlichen Charakters des Postzwanges.

Über die Auskunft, die auf obige Frage gegeben werden muß, sind sich die Kameralisten immer einig gewesen. Napoleon sprach das Wort aus: »Man kann den Fortschritt der Wohlfahrt eines Volkes nach den Rechnungen der Transportinstitute ermessen.«

Die Post ist ein Weltinstitut, ihr Zweck ist die Erhaltung der sozialen Verbindung der Menschheit, die Förderung und Belebung des Handels und der Industrie, der Wissenschaft und der Kunst.

Die Aufgbe der Post ist die Verallgemeinerung der bestehenden Kulturzustände. Sie ist eine Verbreiterin der Kultur. In dieser Hinsicht nimmt die Post eine gleiche Stellung ein wie die Buchdruckerkunst. Beide sind Haupthebel der Kultur. Durch die Post erst wird Schrift und Druck Gemeingut der Menschheit. Diese kosmopolitische Bedeutung der Post ist von allen bedeutenden Volkswirtschaftslehrern anerkannt worden. Staatsrat Klüber schreibt schon 1811[1]): »Bei der Post sollte, wie bei Künsten und Wissenschaften, ein kosmopolitischer Sinn in seinem ganzen Umfang gelten, allgemeiner Weltgeist walten. Mit schuldigem Wohlwollen gegen die Menschheit sollte man sie behandeln und betrachten, als gehörte sie der ganzen kultivierten Welt an, denn in chaotischer Nacht liegt die Kultur, wo keine Post ist. Und Hüttner schreibt: »Das Postwesen ist eine der schönsten und nützlichsten Erfindungen des menschlichen Geistes, die eben, weil sie das ist, auch einer immer fortschreitenden Verschönerung und Vervollkommnung so fähig als würdig ist.«

Diese Worte gelten auch noch heute. Das Postwesen ist unbestritten einer der Hauptfaktoren des geistigen und materiellen Wohles der Völker und Staaten. Es ist das wichtigste Verkehrsmittel für alle Verhältnisse und eines der kräftigsten Mittel zur Behebung des allgemeinen Wohlstandes.

Die Bedeutung des Postzwanges, unter dem die Rückenwirbelsäule des ganzen Postwesens zu verstehen ist, ist am besten in volkswirtschaftlichem Sinne von Haaß[2]) definiert worden. »Der Postzwang hat den Zweck, durch eine Vereinigung des gesamten Nachrichtenverkehrs in einer Hand die Post zu befähigen, einerseits die Kosten für jeden einzelnen Gegenstand auf ein Minimum zu reduzieren und anderteils die Post in die Lage zu setzen, ihre Kurse, ihre Postanstalten zu vermehren und auch solche Gegenden in den Verkehr hineinzuziehen, welche seither davon abseits lagen. Kurz gesagt: den geistigen Verkehr zu beleben, zu fördern und zu entfesseln.«

Alles dies liegt sowohl im Interesse der Versender als auch der Gesamtheit; denn man kann die oben angedeutete Zweckbestimmung des Postzwanges kurz in den Satz zusammenfassen:

---

[1]) Klüber, Das Postwesen in Teutschland. Erlangen 1811. S. 129.

[1]) Vgl. Haaß, Die Post und der Charakter ihrer Einkünfte. Stuttgart 1890.

»Nur durch die Konzentrierung des Nachrichtenverkehrs in einer Hand kann die Leistung der Post eine billige, rasche und sichere sein. Abgesehen davon, daß ja der Staat selbst zu Regierungszwecken notwendigerweise einer raschen und sicheren Nachrichtenvermittlung bedarf (äußerst wichtig in ernsten Zeiten), so fördert doch die Post in dieser Eigenschaft insbesondere auch den geschäftlichen Verkehr, indem sie jedem Produzenten usw. die für ihn bestimmten Nachrichten auf gleiche Weise möglichst billig, rasch und sicher zukommen läßt und solche unter gleichen Voraussetzungen zur Übermittlung annimmt. Außerdem ist die Post als billige, rasche und sichere Nachrichtenvermittlerin ein wesentliches Bindeglied für familiäre Beziehungen und somit für alle Bewohner eine unter denselben Bedingungen zugängliche Institution zur Förderung und Hebung des geistigen sowohl als auch des geschäftlichen Verkehrs. Tatsächlich gibt es heute in Deutschland infolge der fortschreitenden Verkehrsentwicklung, der Freizügigkeit, der Tatsache, daß die Zahl der Analphabeten im Deutschen Reiche eine verschwindend geringe ist, kaum einen erwachsenen Menschen, der nicht öfters in die Lage käme, die Post in ihrer Eigenschaft als Nachrichtenvermittlerin zu benutzen, sei es als Briefschreiber, Briefempfänger oder Zeitungsleser. Die Intensität des geistigen Verkehrs eines Volkes läßt sich zweifellos am besten durch die Zahl der Briefe bestimmen, die das Volk schreibt. Die Zahl der Briefsendungen im Deutschen Reiche betrug im Jahre 1870 358 Millionen; nach 25 Jahren, im Jahre 1895, ist dieser Briefverkehr gestiegen auf 2360 Millionen, also beinahe $2^1/_2$ Milliarden, das macht täglich 6 Millionen Briefe. Wenn man bedenkt, was in diesen Briefen für ein Austausch, für eine Bewegung von Gedanken, Empfindungen und Gefühlen steckt, wenn man sich vor Augen stellt die vielen Geschäftsbestellungen, den Austausch der Gelehrten und Künstler über ihre Ansichten, Schriften und neuen Erfindungen und Erforschungsresultate, so bewegt sich doch da ein ganz ungeheueres Kulturkapital. Je mehr Kunst und Gewerbe, Industrie und Handel vorgeschritten sind, je allgemeiner die Bildung ins Volk gedrungen ist, um so intensiver wird der Briefverkehr sich gestalten. In bezug der Billigkeit des Briefverkehrs könnte man hier zwei Gesichtspunkte aufstellen: Geschäftskorrespondenz und Luxuskorrespondenz. Ein Handelshaus versendet Tausende von Briefen in einer Woche. Ein Teil dieser Briefe muß geschrieben werden; ein anderer Teil, wie Warenpreiskurante, Offerten, Drucksachen allerhand Art kann versendet werden, je nachdem das Porto billiger oder teurer ist. Hier wird zuerst gespart. Wie in der Geschäftskorrespondenz, so ist es auch in der Alltagskorrespondenz. »Es gibt einen Korrespondenzluxus, wie einen Schau-, Kleider-, Eß- und Trinkluxus, und eine Korrespondiersucht, wie eine Gefall-, Zank-, Intrigier-, Klatsch- und Diskutiersucht.[1])

Entsprechen die Einrichtungen des Postwesens den Wünschen des Publikums, so läßt jeder hierin seinem Genuß gern freien Lauf. Sind sie unzweckmäßig oder gar kostspielig, so weiß sich jeder gebührend einzuschränken. Man irrt sehr, wenn man glaubt, das Publikum lasse sich bei Verminderung der Bequemlichkeit und Sicherheit und besonders, wenn der Postzwang seinen angedeuteten Hauptzweck, nämlich die Festsetzung der minimalsten Gebührensätze für die einzelnen Versendungsgegenstände, nicht erfüllt, in der Korrespondenz nicht einschränken. Die Erfahrung hat das Gegenteil allenthalben bestätigt. Wenn die Fleischpreise steigen, so wird eben weniger Fleisch gegessen. Aber das geht dann natürlich auf Kosten der nationalen Gesundheit und Stärke, auf Kosten der Volkskraft. Man kann seine Korrespondenz an Höflichkeitsbezeigungen, Neujahrsbriefen, Gratulations- und Kondolenzbriefen, Verlobungs- und Todesanzeigen, Familienunterhaltungen, Freundschaftsversicherungen und Mitteilungen allerhand Natur auf den notwendigsten Bedarf einschränken. Ist der Verkehr durch die Postanstalt ein wohlfeiler, schneller und sicherer, drei Eigenschaften, die die Post nur erreichen kann, wenn der Nachrichtenverkehr sich ausschließlich in ihrer Hand befindet, dann wächst der Verkehr aller Art, der kommerzielle, der intellektuelle, der literarische, der artistische, sittliche, freundschaftliche etc. Ist er es nicht, dann vermindert sich der Verkehr und Verminderung des Verkehrs ist Verminderung des Nationalglückes. Beim intensiven Verkehr werden auch die vorhandenen Einrichtungen am besten ausgenutzt. Je gleichmäßiger dies der Fall ist, desto wohlfeiler sind wiederum die Kosten. Denn es ist ebenso gerecht als billig, daß diese Kosten der Postanstalt nicht allgemein aus der Staatskasse bestritten oder vielleicht in Form einer Steuer erhoben werden, sondern daß

---

[1]) Klüber, Das Postwesen in Teutschland. 1811. S. 166.

dieselben von denen allein getragen werden, denen sie unmittelbar vorteilhaft sind. Je reger also der Nachrichtenverkehr, desto mehr kommt die Postanstalt in die Lage, ihre Einrichtungen auf günstiger finanzieller Basis zu bauen und zu erweitern. Beim intensiven Verkehr kommen die Entfernungen nicht mehr in Betracht, ein Brief kostet dann dasselbe, ob er 50 oder 100 Meilen expediert wird. Beim intensiven Verkehr wächst die geistige Tätigkeit des Volkes, die gegenseitige Befruchtung der verschiedenen Landesteile. Bei intensivem Verkehr zeigt sich Gewinn auf der ganzen Linie, der nach Talern nicht zu zählen ist. Der Staat gewinnt, das Publikum gewinnt und die Menschheit gewinnt. All dies kann aber nur erreicht werden, wenn das Briefmonopol sich in den Händen des Staates befindet. Nur dann ordnen sich die fiskalischen Interessen den volkswirtschaftlichen, d. h. also denen der Nationalwohlfahrt unter. Denn nur der Staat kann die drei Elementarforderungen der Wohlfeilheit, der Schnelligkeit und Sicherheit der Briefbeförderung erfüllen. »Es bedarf keiner Auseinandersetzung«, sagt R. v. Mohl[1]), »welche Erleichterung nicht nur dem Gewerbe, sondern überhaupt der ganzen menschlichen Gesittigung durch diese Einrichtung zugeht, welche Nachrichten in die nächste Nähe und in die weiteste Entfernung wohlfeil, schnell und sicher und in bestimmter Zeit bringt. Ein bedeutender Teil unserer Bildung, unserer gesellschaftlichen Verhältnisse und unserer Lebensannehmlichkeiten beruht wesentlich auf der Post. Möglichste Benutzbarkeit derselben herzustellen, ist daher eine der wesentlichen Aufgaben des Staates, und nicht mit Unrecht wird der Grad, in welchem dies geschieht, als ein Gesittigungsmaßstab betrachtet.«

VI. Postfreitum oder Staatspost.

Es ist an sich ganz klar, daß ein Institut von so ungeheurer, weittragender Bedeutung, wie sie dem Postwesen zukommt, einzig und allein in den Händen der Staatsgewalt sich befinden darf.

Zu dieser Erkenntnis ist jedoch die moderne Menschheit erst zu Anfang des 19. Jahrhunderts gelangt. Bis in die Mitte des

[1]) Polizeiwissenschaft nach den Grundsätzen des Rechtsstaates. 1866. Bd. II. S. 466.

19. Jahrhunderts hinein befand sich in vielen Staaten das Postwesen noch in Händen der Privatindustrie, die nur stellenweise von der Staatshoheit überwacht wurde. Das Interesse der Privatposten ging naturgemäß nur dahin, möglichst hohen Finanzgewinn aus dem Betrieb der Post herauszuschlagen. Welche Zustände damals nicht nur in den deutschen Landen, sondern in allen Staaten, in denen noch das unglückliche Institut der Privatpost bestand, geherrscht haben mögen, davon kann sich der ein Bild machen, der z. B. bei Hüttner »Über das Postwesen der Türkei« nachliest. Daselbst wurden noch um die Mitte des 19. Jahrhunderts die Posten an den Meistbietenden verpachtet. Natürlich sorgte der Staat dafür, daß das Porto möglichst hoch war, damit die Pachtsumme eine angemessene Höhe behielt. Der Pachtkontrakt lautete auf drei Jahre. Der Pächter hatte nur sein eigenes Wohl im Auge, nicht aber das des korrespondierenden Publikums. Er vernachlässigte seine Verpflichtungen und sparte, wo es nur anging. Infolgedessen war die Beförderung nur eine sehr spärliche und zum Teil äußerst primitive. Die Briefe wurden zusammengebunden, über ein Paketpferd gehängt und von Tartaren zum nächsten Relais gebracht. Benutzt wurden kleine türkische Postpferde, und zwar oft alte Gäule der Billigkeit halber. Einen Anspruch auf große Schnelligkeit konnte diese Post natürlich nicht machen, wie englische Reisende versichern. Die Briefe wurden nach der Ankunft nicht ausgetragen, sondern jeder mußte sich seinen Brief selbst vom Postamte holen. So sparte man die Briefträger. Das Eintreffen der Post war ein unregelmäßiges, je nach Gefallen des surudji (Postillon). Ein alphabetisches Ordnen der angekommenen Briefe gab es nicht, ebensowenig Brieffächer. Überhaupt fehlten alle Hilfsmittel, die der Post Geld kosten. Oft spielten sich im Postbureau wunderliche Szenen ab. Briefe verspäteten sich oder gingen verloren. Der langsame türkische Postmeister wurde durch vieles Schreien und Rufen des reklamierenden Publikums zuweilen so aus der Ruhe gebracht, daß ihm die unentbehrliche Tabakspfeife entfällt und er den Kopf verliert. Dem Publikum reißt die Geduld, es bemächtigt sich der angekommenen Briefe, nimmt eigene und fremde, wodurch ja nun allerdings die Sicherheit der Briefbestellung nicht gefördert wird. Derartige Szenen spielten sich in einem beengten Lokale ab; denn die Posthäuser waren klein und verwahrlost. Im Erdgeschoß befanden sich

meistens die Pferdeställe. Schäden wurden selten repariert, denn ein jeder Pächter sah nur auf seinen Gewinn.

So schlimm wie in der Türkei ist es ja nun in deutschen Landen zu Zeiten des Postfreitums nicht gewesen. Man rühmt der Thurn und Taxisschen Postverwaltung z. B. hohe Pünktlichkeit und Sicherheit in der Briefbestellung nach. Immerhin mag aber zu jener Zeit auch bei uns der eine oder der andere der hier berührten Schäden zutage getreten sein. Das angeführte Beispiel aber mag genügen, diese Schäden zu illustrieren.

Die im vorigen Kapitel dargelegte hohe Bedeutung des Postwesens fordert jedoch kategorisch, daß der Staat, die oberste Instanz im Volksleben, dasselbe in seine Hände nimmt. Die Pflicht des Staates ist die Pflege der Wohlfahrt des Volkes. Will der Staat in Erfüllung dieses Gebotes handeln, so ist es erforderlich, Anstalten für den Verkehr von Staats wegen einzurichten. Zwar kann der Staat die Beförderung der Briefe und Zeitungen auch der Privatindustrie überlassen und sich nur die Oberaufsicht über den Betrieb des Postgewerbes vorbehalten, aber das Postwesen hat zugleich auch ein öffentliches Interesse. Dasselbe verlangt gebieterisch den Betrieb der Post durch den Staat. Das Volk bringt seinerseits dem Staate in vollstem Umfange Vertrauen entgegen; die Statistik der abgesandten Briefe der letzten Jahrzehnte, in denen neben der Staatspost im Deutschen Reiche noch 84 Privatpostanstalten, allerdings nur in lokalem Verkehr, tätig waren, spricht dafür, daß die Staatspost ungleich mehr in Anspruch genommen wurde. Das Publikum weiß aus Erfahrung, daß nirgends seine Interessen so gut gewahrt sind als in den Händen des Staates, dem große Fonds zur Einrichtung und Unterhaltung seiner Anstalten zur Verfügung stehen und der denselben durch Gesetze und Verfügungen Nachdruck und Ansehen verleihen kann. Demgemäß ist auch der Staat allein imstande, den Verpflichtungen mannigfaltigster Art, die er durch den Postzwang auf sich nimmt, in umfassendster Weise nachzukommen. Der moderne Staat kann ohne Postanstalt gegenwärtig nicht bestehen, seine wesentlichen Aufgaben nicht erfüllen. Es ist daher seine unerläßliche Pflicht, für die Existenz einer leistungsfähigen Posteinrichtung ebenso wie für Rechtspflege und Landesverteidigung zu sorgen. Man mißt den Kulturgrad eines Staates nach der Ausbildung seiner Verkehrs- und Transporteinrichtungen. Ohne gut geregeltes Verkehrswesen ist die Machtfülle eines Staates in Frage gestellt. Telegraph, Eisenbahn, Post, es gibt nichts, was der Machtentfaltung eines modern eingerichteten Staates mehr dient als diese. Eine rasche Mobilmachung z. B. ist ohne exaktes Funktioieren des Telegraphen und der Post undenkbar. Überall, wo die Entfaltung staatlicher Machtmittel nötig ist, bedarf man der Transportmittel. Bei allen Völkern und zu allen Zeiten bildete die Nachrichtenvermittlung eine Betätigung des Machtzweckes. Staatliche Nachrichtenvermittlung gab es schon im Jahre 2000 v. Chr. bei den Chinesen, dann bei den Persern unter der Regierungszeit des Darius, unter den römischen Kaisern, unter den Azteken in Mexiko, unter den Inkas in Altperu, wo sie zu hoher Blüte gelangt sein soll. Der moderne Staat ist ein Kultur- und Wohlfahrtsstaat, und schon das staatswirtschaftliche Interesse verlangt gebieterisch ein Postmonopol. Gründe nicht allein rechtlicher, sondern politischer, militärischer und finanzieller Art sprechen dafür. Der durch Post und Telegraph zu erfüllende Staatszweck kann nur dann völlig erreicht werden, wenn die Hauptmasse des Betriebes ausschließlich dem Staate vorbehalten bleibt.

Wichtiger aber als diese Erwägungen staatswirtschaftlicher Natur sind für die Beibehaltung des Postmonopols, dessen »Rückenwirbelsäule« der Briefzwang ist, die Beweismittel, die uns die Volkswirtschaftslehre liefert.

B. Die Postpflicht.

Die drei Elementarforderungen der Sicherheit, Bequemlichkeit und Wohlfeilheit der Briefbeförderung kann nur der Staat allein erfüllen, sagten wir, daher ist der Briefzwang in den Händen des Staates berechtigt. Dieses Recht, das sich der Staat aus triftigen Gründen, wie wir oben sahen, nimmt, verpflichtet naturgemäß. Den Rechten stehen Pflichten gegenüber. Von jeder Privatpostanstalt würde man schon prompte Bedienung erfordern, um so mehr also von der Post, wenn sie eine öffentliche Anstalt von Staats wegen ist, die noch dazu sich großer Vorrechte erfreut. Das Publikum bringt der Post als Staatsanstalt besonderes Vertrauen entgegen. Die Post muß dieses Vertrauen durch musterhafte Erfüllung ihrer Aufgaben rechtfertigen, durch zeitgemäße Einrichtungen, sorgfältige Berücksichtigung der Verkehrsbedürfnisse, strenge Erfüllung der vertragsmäßigen Ordnung. Wollte die Post diese Verpflichtungen nicht übernehmen, dann wäre der größte Teil ihrer Privilegien ungerechtfertigt. Nur wenige Korrespondenten sind in der Lage, Briefe durch Expresse zu befördern. Alle sind gezwungen, sich der Post zu bedienen, sind auf sie angewiesen. Würden die Interessen des korrespondierenden Publikums nicht berücksichtigt, so würde sich die Post ganz ungerechtfertigterweise von einer vertragsmäßigen Gegenleistung befreien. Je umfangreicher und bedeutender aber die Gerechtsamen sind, um so größer sind auch die Verpflichtungen.[1]) »Das Publikum hat gegen die Postanstalt gerechten Anspruch auf Treue, Verschwiegenheit, Gerechtigkeit, Geschwindigkeit, Billigkeit«, schrieb im Jahre 1840

[1]) Hüttner a. a. O. V., § 256 ff.

Staatsrat Klüber und fügte hinzu: »da Einheit der Postanstalt in Teutschland und Verwaltung derselben durch Privatunternehmen unter strenger Staatsaufsicht wahrscheinlich frommer Wunsch bleiben wird.«[1]) Nun, die Zeiten haben sich geändert, nicht aber die Pflichten der Post. Das Publikum, das seine Briefe der Post anvertraut, verlangt von ihr, daß sie dieselben sicher befördert, daß sie ihm die Aufgabe zur Post möglichst bequem macht und schließlich, daß die Beförderung eine wohlfeile sei.

I. Sicherheit der Briefbeförderung.

Das wichtigste Äquivalent, welches dem Postzwang für den geschlossenen Brief gegenübersteht, ist unstreitig die Garantie für die Sicherheit der eingelieferten Briefe. Ist die Briefbeförderung eine unsichere, so wird jedermann seine Korrespondenz auf die notwendigsten Briefe einschränken. Ist sie dagegen eine sichere und zuverlässige, so wächst die Zahl der Briefe sowohl in der Geschäftskorrespondenz als auch in der Luxuskorrespondenz.

Für Sicherheit, Regelmäßigkeit und Stetigkeit der Briefbeförderung kann nur die Staatspost ausreichende Bürgschaft leisten. Denn der Staatspost stehen ausgedehnte Vorrechte zur Verfügung, deren Mangel bei gewöhnlichen Privatunternehmungen den Betrieb erschwert oder stört. Nur die Staatspost ist imstande, die Briefbeförderung von allen Lasten und Hindernissen zu befreien. Postfuhrwerke (Kuriere, Estafetten) und Postpferde, Briefträger und Postboten der Staatspost sind von der Entrichtung von Chausseegeldern, Kommunikationsabgaben, Brückenzöllen befreit, auch gegenüber den zur Erhebung solcher Abgaben berechtigten Gemeinden, Korporationen und Privatpersonen, jedoch unbeschadet wohlerworbener Rechte.[2]) Ferner: in besonderen Fällen, in welchen die gewöhnlichen Postwege gar nicht oder schwer zu passieren sind, können die ordentlichen Posten sowie auch die Extraposten,

---

[1]) Klüber, Öffentliches Recht des Teutschen Bundes 1840, Bd. II, Kap. 12, § 433, S. 673.

[2]) Vgl. Reichspostgesetz vom 28. Oktober 1871, § 16; siehe schon früher: Preußisches Postgesetz vom 5. Juni 1852, § 20; ferner Sachsen, Postgesetz vom 7. Juni 1859.

Kuriere und Estafetten sich der Neben- und Feldwege bedienen und selbst über ungehegte Wiesen und Äcker fahren, jedoch unbeschadet der Rechte der Eigentümer auf Schadenersatz. In Notfällen darf dieses Recht auch auf Briefträger und Postboten ausgedehnt werden. Außerdem muß jedes Fuhrwerk den Posten auf das übliche Signal ausweichen. Begegnet den Posten unterwegs ein Unfall, so sind die Anwohner der Straße verbunden oder verpflichtet, denselben zu ihrem Weiterkommen sofort alle erforderliche Hilfe gegen vollständige Entschädigung zu leisten. Im Falle der Verweigerung der schuldigen Hilfe haben die Postbediensteten sich an die Ortspolizeibehörde zu wenden, von welcher übrigens auch sonstige in der Nähe befindliche Personen zur Hilfeleistung angehalten werden können. Torwachen, Tor- und Brückenbeamten sind verpflichtet, die Tore und Schlagbäume auf das übliche Signal zu öffnen, ebenso müssen Fährleute die Überfahrt unverzüglich bewirken. Gegen die ordentlichen Posten, Extraposten, Kuriere und Estafetten sowie gegen die mit dem ledigen Gespann zurückkehrenden Postillone ist keine Pfändung gestattet. Auch darf das Inventar der Posthalterei im Wege des Arrestes oder der Exekution nicht mit Beschlag belegt werden. Die vorschriftsmäßig für das Postfuhrwesen zu haltenden Postpferde und Postillone dürfen zu dem behufs der Staats- oder Kommunalbedürfnisse zu leistenden Spanndienste nicht herangezogen werden. Auf Requisition der Postbehörde haben die Polizei- und Steuerbeamten zur Verhütung und Entdeckung von Postübertretungen mitzuwirken. Postanstalten sind außerdem berechtigt, unbezahlt gebliebene Beträge an Personengeld, Porto und Gebühren nach den für die Betreibung öffentlicher Abgaben bestehenden Vorschriften exekutivisch einziehen zu lassen. Den Exequierten steht jedoch die Betretung des Rechtsweges offen.[1])

Durch alle diese der Staatspost zur Verfügung stehenden Befreiungen von Lasten, Abgaben etc., deren Mangel einer Privatpost den Betrieb aufs äußerste erschweren würde, ist die Pünktlichkeit, Regelmäßigkeit und Sicherheit der Briefbeförderung in der umfassendsten Weise gewährleistet.

[1]) Vgl. Reichspostgesetz vom 28. Oktober 1871, § 17 bis 25.

II. Bequemlichkeit der Briefbeförderung.

Die Sicherheit der Briefbeförderung ist ein wichtiger Faktor für die Vermehrung der Korrespondenz. Aber auch hier gibt es Grenzen. Niemand schreibt mehr Briefe, als er nötig hat, sei auch die Sicherheit und Pünktlichkeit der Post eine noch so große. Ein zweiter wichtiger Faktor für die Erhöhung der Briefzahl ist eine Vervielfältigung der Versendungsgelegenheiten, eine Beschleunigung des Briefwechsels. In einem Dorfe, das eine Postanstalt besitzt, werden mehr Briefe geschrieben als in Orten, die keine Post haben. Je bequemer die Einrichtung zur Benutzung der Postanstalt für das Publikum ist, um so mehr wird von ihr Gebrauch gemacht, vorausgesetzt natürlich, daß nicht eben der Kostenpunkt oder die Beanspruchung einer zu hohen Vergütung für die Benutzung oder die geringe Volksbildung ein Hindernis bilden. In je größere Nähe die Postanstalten der Bevölkerung eines Landes gebracht werden, desto vollkommener erscheint das Postwesen, desto mehr erfüllt es seinen Zweck. Die Post muß alle Landesteile wie mit einem Gewebe durchziehen. Große Umständlichkeiten und Erschwernisse, welche infolge großer Entfernungen von einer Postanstalt entstehen, heben die Benutzung derselben auf oder beschränken sie auf das notwendigste Maß. Auch die kleinste Ortschaft muß Gelegenheit bieten zur Auflieferung von Postsachen.[1]) In größeren Städten muß fast an jeder Ecke ein Briefkasten sich befinden, so daß das Publikum trotz eventuell billigerer Beförderung durch Privatpersonen (Buchhändler, Dienstmänner) doch diese letzteren nicht aufsucht, weil es damit Zeit versäumen würde, sondern lieber eine Kleinigkeit mehr entrichtet. Nur dann ist eine volle Entwicklung der Post gewährleistet, wenn jeder Ort im Reiche, auch der unbedeutendste, eine regelmäßige, wöchentlich mehrmalige Verbindung erhält. Der Staat hat daran zu denken, daß seinen Bürgern neue Wirtschaftsquellen geöffnet werden und armen Bevölkerungsklassen in verkehrsabgeschnittenen Gegenden die Gelegenheit geboten werde, Wohlstand zu erwerben. Die Post muß in alle Orte dringen, in die allerentlegensten Winkel eines Landes,

[1]) In einigen Ländern, wie z. B. in Frankreich, müssen die Gemeinden die Einrichtungskosten der Postanstalten, insofern sie voraussichtlich keine oder eine nur geringe Rente abwerfen, selbst tragen; es kommt auch vor, daß sie das Holz zu den Telegraphenstangen zu liefern gezwungen werden.

muß mit Leichtigkeit und Präzision arbeiten, um den Bedürfnissen der Volkswirtschaft zu entsprechen. Das kann eben nur die Staatspost. Die Post muß die kürzesten Wege ausfindig machen und die schnellsten Transportmittel; kürzeste Wege geographischer Messung sind nicht immer die vorteilhaftesten. Jeder neue Schienenweg muß sofort ausgenutzt werden. Jede Abkürzung der Übermittlungszeit muß die Post fortwährend erstreben. Sie muß stets dem Fortschritte des Handels und der Industrie auf dem Fuße folgen, sich denselben anpassen, keine Änderungen, keine Neuerungen scheuen. Dann wird sie eine Wohltat für das Gemeinwesen. Läßt sie sich jedoch durch den Kostenpunkt von der beständigen Realisierung dieses Grundsatzes abhalten, dann gerät sie in Gefahr, ein Verkehrshemmnis zu werden. Je größer das Postgebiet unter einheitlicher Verwaltung ist, desto zwangloser und leichter wird diesem obersten Grundsatze Rechnung getragen werden können. Bequem muß die Post ihre Geschäfte einrichten. Alle Institutionen für die Übergabe an die Post und die Ablieferung an den Adressaten, die Art und Weise der Kostenberechnung müssen einfach, gleichmäßig und leicht faßlich sein. Die englische Postverwaltung gestand 1855 selbst zu, daß mehr noch als die Portoermäßigung die herbeigeführte Beschleunigung und Erleichterung der Beförderung zu der ungeheuren Vermehrung der Korrespondenz in den 50er Jahren beigetragen habe. England ging so weit in der Beschleunigung der Beförderung, daß der Staat eine Belohnung von 1000 Pfd. Sterling einem Beamten aussetzte, der einen Apparat erfunden hatte, die Briefbeutel an den Stationen auszuwechseln, ohne daß der Bahnzug auf den Stationen halten mußte.

Nun gibt es gewiß eine Reihe von Postrouten und Kursen, wo auch heute noch das Soll das Haben übersteigt. Eine freie Konkurrenz wäre demnach ein nationales Unglück. Denn handels- und gewerbearme Distrikte würden alle Postverbindungen entbehren müssen, da die konkurrierenden Unternehmer nur auf den rentablen Routen und Distrikten zugunsten des Publikums wetteifern würden. B e i f r e i e r K o n k u r r e n z e n t s c h e i d e t e i n z i g u n d a l l e i n d e r G e w i n n. Solange diese Konkurrenz besteht, ist das Publikum zweifellos im Vorteil. Ruinieren sich aber die Konkurrenzen gegenseitig, dann trägt das Publikum den Schaden. Man denke sich beispielsweise eine Gesellschaft, die die Mittel hat, das Postwesen in ganz Deutschland in der jetzigen Ausdehnung zu unterhalten, und dabei hofft, das Betriebskapital gut zu verzinsen. Sie könnte unmöglich bestehen, wenn sie mit anderen Anstalten, die nur auf verkehrsreichen Routen arbeiten, in den Taxen und Beförderungszeiten konkurrieren würde. Selbst die Staatspost könnte dann nicht mehr bestehen, wenn sie als Konkurrent in der Absicht auftreten wollte, Routen, die die Privatindustrie nicht ausbeutet, mit Posten zu versehen.

Die Freigebung des Postbetriebes würde daher einen Nachteil für die Volkswirtschaft bedeuten; die Leitung unter einheitlicher Administration ist dagegen eine Wohltat für den Verkehr.

III. Wohlfeilheit der Briefbeförderung.

Sicherheit und Bequemlichkeit waren zwei Hauptursachen für die Erhöhung der Briefzahl. Die wichtigste aber von allen ist die Wohlfeilheit in der Briefbeförderung. Die Zahl der Briefe wächst, je billiger die Gebühren sind. »Überhaupt sollte eine für Staats- und Privatverkehr, für Kultur und Handel so höchst wichtige Anstalt von den Staaten stets nach gerechten und liberalen Grundsätzen behandelt, auch überall und immerhin zu etwas Besserem benutzt werden als für unmittelbaren Finanzgewinn, geheime Polizei und unbefugte Neugier«[1], sagt Klüber. Die Taxen müssen so billig sein, daß der Geschäftsmann auch für die unbedeutendste Kommission die Ausgabe an Porto nicht unrentabel findet, und daß der Privatmann sich nicht genötigt sieht, seine Korrespondenz auf ein Mindestmaß zu beschränken. Die Taxen müssen so sein, daß sie von jedermann benutzt werden können. Soll die Posteinnahme zugleich die Stelle eines Steuereinkommens vertreten, dann wird sie aufhören, eine Wohlfahrtsanstalt zu sein, da sie dann den Verkehr hemmt und nicht fördert. Eine unnatürliche Höhe der Portosätze steigert absolut nicht die Reineinnahme. Alle europäischen Länder haben diese Erfahrung gemacht. Gewiß

[1]) Klüber, Öffentliches Recht des Teutschen Bundes 1840, Bd. II, Kap. 12, § 433, S. 660.

liegt ein mäßiger Gewinn auch im Interesse der Volkswirtschaft, weil dann die Verwaltung die Mittel hat, bei fortschrittlichen Änderungen im Handel und Gewerbe und im Verkehrsleben diesen Rechnung tragen zu können, ohne Schaden befürchten zu müssen. Sind Einnahmen und Ausgaben gleich, so wird man sich eine Neuerung sehr überlegen, da ja dann leicht ein Defizit entstehen kann.

Wohlfeilheit der Briefbeförderung erhöht die Zahl der Briefe. Am besten reden Zahlen. Bis ungefähr in die Mitte des vergangenen Jahrhunderts waren in allen europäischen Ländern hohe Portosätze an der Tagesordnung. Erst die englische Postreform vom Jahre 1840 brachte hier eine Änderung.[1]) In diesem Jahre wurde nämlich das sog. Penny- oder Freimarkensystem (Herabsetzung der hohen Preise) eingeführt, wodurch die Zahl der durch die Post versendeten Briefe in fabelhafter Weise stieg.

Im Jahre 1839 brachte die Post in England einen Rohertrag von 2386020 Pfd. Sterling, einen Reinertrag von 1601910 Pfd. Sterling. Die Zahl der Briefe betrug 75 Millionen. 1840 trat die Ermäßigung des Portos ein. In diesem Jahre betrug der Rohertrag der Post nur noch 1359466 Pfd. Sterling, der Reinertrag nur noch 410028 Pfd. Sterling. Dagegen war die Zahl der Briefe auf 169 Millionen gestiegen. 10 Jahre später aber, 1850, betrug der Rohertrag schon 2495588 Pfd. Sterling, der Reinertrag 1057690 Pfd. Sterling, die Zahl der Briefe war auf 347 Millionen gewachsen. Weitere 12 Jahre später: Rohertrag 3777304 Pfd. Sterling, der Reinertrag 1236941 Pfd. Sterling In diesem Jahre wurden in England 605 Millionen Briefe geschrieben. Was den Reinertrag anbelangt, so wurde die Höhe von 1839 nicht wieder erreicht wegen der Mehrausgaben für Beamte. Diese Zahlen reden Bände.

Alle Länder folgten dem Beispiel Englands, überall war das Ergebnis das gleiche. Trotz Herabsetzung des Portos zeigte sich ein stetes Anwachsen des Reinertrages. Seit 1840 wurden in fünf Weltteilen Tausende von Millionen Briefe mehr geschrieben als in der Zeit der alten Taxen. Wer will berechnen, welchen Nutzen diese Millionen von Briefen der Menschheit gebracht haben! Wer will berechnen, welche Nachteile ihr Unterbleiben verursacht hätte!

---

[1]) R. Hill, Englische Postreform, London 1837.

Um die Mitte des vorigen Jahrhunderts erfolgte die Postreform auf Grund einer Portoermäßigung in Portugal, Spanien, Frankreich, Belgien. In Belgien wurden 1847 6 Millionen Briefe geschrieben, 1852 nach Portoermäßigung 10 Millionen. Es folgten die Niederlande, die argentinische Republik, die Schweiz, Rußland. England beschäftigte 1835 1750 Postbeamte, 1851 dagegen 3248. Sehr instruktiv ist die Geschichte des Postwesens in den Vereinigten Staaten von Nordamerika. Daselbst betrugen im Jahre 1790 die Einnahmen 37935 Dollar, die Ausgaben 32140 Dollar. Die Freistaaten hatten schon damals den Grundsatz, die Post dürfe keine Finanzquelle sein, der Überschuß müsse dem Staate zur Verbesserung des Postwesens dienen. Bis zum Jahre 1836 wuchsen die Einkünfte auf 3398455 Dollar, die Ausgaben auf 2755623 Dollar. Von den Überschüssen konnten jährlich 500 neue Postämter errichtet werden. Dann folgte eine Krisis. In England war das Postwesen reformiert worden. Die englischen Ideen von einem wohlfeilen Porto fanden einen breiten Nachhall in Nordamerika, wo die Kaufleute die herrschende Klasse bilden. Die Postdirektion in Washington wollte nichts von den neuen Ideen wissen, denn sie erblickte darin den Ruin der Post. Das Publikum sann auf Abhilfe. Es entstanden wohlfeile Privatposten, da das Monopol in Amerika nicht so streng gehandhabt wurde wie in England. Die zunehmende Zahl der Privatposten lähmte die offizielle Post. Das stetige Wachsen der Einnahmen hörte auf, dagegen nahmen die Ausgaben zu. Das Defizit war jetzt ebenso regelmäßig wie früher die Überschüsse. 1838 betrugen die Einnahmen 4238733 Dollar, die Ausgaben 4430662 Dollar. Diese Verhältnisse bestanden bis 1846. Früher hatte man jährlich 500 neue Postämter errichtet, jetzt konnte man nur noch 200 errichten. Diese Zahl stand aber in keinem Verhältnis mit den Bedürfnissen einer sich schnell ausbreitenden Bevölkerung. Die Briefzahl sank, 1839 wurden in Nordamerika 29 Millionen Briefe geschrieben, 1841 nur noch 24 Millionen. Die Lage war nicht mehr haltbar; der Staat mußte beträchtliche Zuschüsse bezahlen. Trotzdem wuchs das Defizit von Jahr zu Jahr.

Unterdessen hatte in England die Reform Früchte getragen; am 1. Juli 1845 entschloß man sich endlich auch in Amerika, das neue System der Portoermäßigung einzuführen. Erst zeigte sich ein Ausfall, bald eine Steigerung der Einnahmen. Im Jahre 1846 betrugen die Einnahmen 3487199 Dollar, 1851 standen Einnahmen und Ausgaben fast gleich, nämlich 6727867 Dollar Ausgaben zu 6278402 Dollar Einnahmen. In den nächsten Jahren überstiegen die Einnahmen die Ausgaben. Allein im Laufe des Jahres 1851 hatte man 1442 neue Postämter errichtet.

Auch in Deutschland hat sich die Postreform in jenen Jahren glänzend bewährt. 1842 beförderten die preußischen Posten 34 Millionen Briefe, 1856 dagegen nach Einführung der Portoermäßigung 110 Millionen. Seit der Mitte des vergangenen Jahrhunderts ist einzig und allein die Volkswirtschaftslehre für die Post maßgebend gewesen. Im Jahre 1847/48 berichteten auf der Dresdener Postkonferenz die »Motive zu den Berichten des Volkswirtschaftlichen Ausschusses«: Der »Volkswirtschaftliche Ausschuß geht von dem obersten Grundsatze aus, daß alle Verkehrsmittel auf jede mögliche Weise erleichtert und beschleunigt werden müssen, daß es gegen alle volks- und staatswirtschaftlichen Grundsätze ist, die Verbindungsmittel zu besteuern, indem hierdurch die Hilfsmittel des Volkes und Staates geschwächt und in der Entwicklung zurückgehalten werden; daß es daher allen gesunden Ansichten zuwider ist, das Postwesen für den Staat als Finanzquelle auszubeuten oder wohl gar dasselbe durch Privatmonopolisten und in deren Interesse ausbeuten zu lassen.«

IV. Unverletzlichkeit des Briefgeheimnisses.

Zu den Verpflichtungen der Post, die dem Postzwange gegenüberstehen, gehört zweifellos auch die Wahrung des Briefgeheimnisses.

»Man könnte glauben,« bemerkt Laband zu diesem Thema, »das Briefgeheimnis sei tatsächlich ein Korrelat des Briefzwanges. Das ist aber durchaus nicht der Fall. Weder der Umfang des Briefgeheimnisses noch die Ausnahmen noch die Rechtsfolgen aus der Verletzung desselben stehen in irgendeinem logischen oder juristischen Zusammenhange mit dem Postzwange. Man gehe dabei immer von dem Prinzip aus, daß die Post nicht eine Privatunternehmung des Fiskus, sondern ein Zweig des öffentlichen Staatsdienstes ist.«

Trotz alledem läßt sich nicht leugnen, daß zum mindesten in volkswirtschaftlichem Sinne eine deutlich wahrnehmbare

Beziehung zwischen dem Rechte der Post einerseits, alle Briefe zu befördern, und anderseits ihrer Pflicht, dem Absender die Wahrung der strengsten Geheimhaltung des Inhaltes der ihr anvertrauten Schriftstücke zu garantieren, besteht. Untersuchen wir diese Beziehungen näher.

a) Geschichtliches zum „Briefgeheimnis".

Der hier in Frage kommende Gesetzesparagraph lautet:

> § 5. »Das Briefgeheimnis ist unverletzlich. Die bei strafgerichtlichen Untersuchungen und in Konkurs- und zivilprozessualischen Fällen notwendigen Ausnahmen sind durch ein Reichsgesetz festzustellen. Bis zu dem Erlaß eines Reichsgesetzes werden jene Ausnahmen durch die Landesgesetze bestimmt.«

Dieser Paragraph fand sich im »Entwurf zum Gesetze über das Postwesen des Norddeutschen Bundes vom 2. November 1867« noch nicht.[1] Die »Motive zu dem Gesetze über das Postwesen des Norddeutschen Bundes vom 2. November 1867« führten dazu folgendes aus: Die Frage, ob eine Bestimmung über das Briefgeheimnis ins Postgesetz aufzunehmen sei, sei gründlich erwogen worden. Man habe aber davon abgesehen, so wichtig dieser Gesichtspunkt auch sei. Denn die Bestimmungen über die Wahrung des Briefgeheimnisses gehörten nicht ins Postgesetz, sondern in die Verfassungen und in die Prozeßgesetze. Wie Preußen, so hätten auch andere Staaten das Briefgeheimnis nicht im Postgesetze, sondern in den verschiedenen Gesetzen über Straf- und Zivilprozeß bisher behandelt. Wolle man einen Passus aufnehmen: »Das Briefgeheimnis ist unverletzlich«, so müsse notwendig der Nachsatz folgen: »Ausnahmen bestimmen die Landesgesetze.« Damit erreiche man aber praktisch nicht mehr wie durch einfache Übergehung des Gegenstandes.[2]

Eine andere Stellung nahm die erste Kommission des Reichstages des Norddeutschen Bundes über den Entwurf zu dem Postgesetze vom 2. November 1867 ein.[3] Diese führte aus, der Um-

---

[1]) Drucksachen des norddeutschen Reichstages 1867, Nr. 7.

[2]) Stenogr. Berichte, I. Legislaturperiode, Session 1867, Bd. II, S. 29 bis 34.

[3]) Bericht der I. Kommission, Stenogr. Berichte, I. Legislaturperiode, Session 1867, Bd. II, S. 163 bis 176.

stand, daß man sich in vielen Staaten dabei beruhige, daß die Garantie des Briefgeheimnisses einen staatsrechtlichen Grundsatz bilde, sei wenig geeignet, Beruhigung zu gewähren, es sei vielmehr notwendig, nicht nur im Interesse des Publikums, sondern auch im Interesse der Postverwaltung positive gesetzliche Bestimmungen überall eintreten zu lassen.

Demgegenüber wurde von anderer Seite bemerkt: Wolle man in das gegenwärtige Gesetz die Bestimmungen zum Schutze des Briefgeheimnisses aufnehmen, so müsse man auch die Ausnahmen vollständig und genau formulieren. Das würde jedoch zu weit führen und maßgebend in Gebiete eingreifen, die man nicht zu übersehen vermöge.

Man wählte dann einen Mittelweg und formulierte den Gesichtspunkt wie folgt:

> Das Briefgeheimnis ist unverletzlich. Die bei strafgerichtlichen ...... etc. (wie im Gesetze).

Jedoch auch dieser Antrag wurde gegen 3 Stimmen abgelehnt.

Am 19. Oktober 1867 in der 24. Sitzung kam nunmehr das »Gesetz über das Postwesen des Norddeutschen Bundes vom 2. November 1867« vor dem Plenum des Reichstages zur Verhandlung.[1]) Der Abgeordnete Wiggers (Berlin) beantragte die Aufnahme des obigen Zusatzes in das Gesetz. Seinen Antrag begründete er folgendermaßen: Es seien wohl alle durchdrungen von der Wichtigkeit des Schutzes des Briefgeheimnisses. Gewiß könnten die Bestimmungen hierüber im Postgesetze nicht erschöpfend reguliert werden, vielmehr könne hier nur ein allgemeiner Satz aufgestellt werden. Das sei aber von größter Wichtigkeit; denn es läge im Interesse nicht allein des Publikums, welches bei Übergehung dieser Angelegenheit mit Mißtrauen erfüllt werden würde, sondern auch im Interesse der Postverwaltung selbst.

Bundeskommissar Geh. Postrat Dr. Dambach erwiderte darauf folgendes: Das Amendement enthalte nur das, was sich ganz von selbst versteht. Die Materie gehöre in den Straf- und Zivilprozeß und nicht in das Postgesetz. Mit einer nicht erschöpfenden Bestimmung würden aber nur Zweifel, Unklarheiten und viel größere Nachteile erregt als durch Nichtberühren der Materie. Außerdem

[1]) Stenogr. Berichte, I. Legislaturperiode, Session 1867, Bd. I, S. 49 ff.

würde durch dieses Amendement so tief in die bestehenden Landesgesetze eingegriffen, daß sich augenblicklich die Sache noch gar nicht übersehen lasse. Er bäte also darum, das Amendement zurückzuziehen.

Der Antrag Wiggers (Berlin) wurde vom Reichstag angenommen.

In obiger Fassung ging nunmehr die Bestimmung über das Briefgeheimnis in das »Gesetz über das Postwesen des Deutschen Reiches vom 28. Oktober 1871« über.

b) Die Bedeutung der Wahrung des Briefgeheimnisses im volkswirtschaftlichen Sinne.

Die lebhafte Debatte, die im Reichstag über die Aufnahme einer Bestimmung über das Briefgeheimnis im Postgesetze entbrannte, beweist zur Genüge die hohe Bedeutung, die diesem Gesichtspunkte beigemessen werden muß. Es liegt auf der Hand, daß die Post nur dann das sein kann, was sie im Haushalte des Volkes tatsächlich ist, wenn der Argwohn, Mitteilungen, die der Postanstalt zur Übermittlung übergeben werden, könnten in falsche Hände geraten, unter keinen Umständen im Publikum Platz greifen kann. Fehlten diese Bestimmungen im Postgesetze oder würden sie durch die Landesgesetzgebung nicht im hinreichenden Maße ersetzt, so würde zweifellos eine große Anzahl Briefe, die wichtige und für eine Person bestimmte Mitteilungen enthalten, nicht geschrieben oder jedenfalls nicht der Post zur Beförderung übergeben werden können. Daher ist die Garantie der Wahrung des Briefgeheimnisses unerläßlich.[1])

---

[1]) Die Postverwaltung als höchstselbst interessiert hat diesem Grundsatze die Ausdehnung gegeben, daß das Briefgeheimnis auf alle Postgegenstände (also auch auf Postkarten, Drucksachen usw.) Anwendung finde, und zwar so weit reichend, daß nicht einmal der Adressat oder auch die bloße Tatsache des Vorhandenseins oder Nichtvorhandenseins einer Postsendung einem Dritten mitgeteilt werden dürfe. Das Briefgeheimnis in dieser Ausdehnung dürfte sich wohl nicht immer wahren lassen und wird meines Wissens auch nirgends so peinlich gewahrt. Man denke z. B. nur an postlagernde Sendungen, an die Bescheinigungsbücher des Bestellpersonales, in die jeder während der Abgabe seiner Unterschrift Einsicht nehmen kann, soweit sich Einträge und bereits abgegebene Unterschriften auf der gleichen Blattseite befinden. Man denke ferner an die seitens der Postverwaltung selbst durch öffentlichen Aushang dem Publikum bekanntgemachten Adressen nicht bestellbarer Sendungen und ähnlicher Fälle.

Andererseits war es erforderlich, die Ausnahmen vom Briefgeheimnis auf das unbedingt notwendige Maß zu beschränken und durch eine bis ins einzelne sorgfältig detaillierte Gesetzgebung festzulegen.

Diese Ausnahmen beziehen sich in erster Linie auf den Strafprozeß (vgl. § 99 und 100 der R.-St.-P.-O. vom 1. Februar 1877). Darnach ist eine Beschlagnahme von Briefen, die an den Beschuldigten gerichtet sind, zulässig; desgleichen die Beschlagnahme solcher Briefe und Sendungen, in betreff deren Tatsachen vorliegen, aus welchen zu schließen ist, daß sie von dem Beschuldigten herrühren oder für ihn bestimmt sind und daß ihr Inhalt für die Untersuchung Bedeutung habe. Jedoch ist allein der Richter zur Beschlagnahme befugt. Geht die Beschlagnahme von der Staatsanwaltschaft aus, so muß diese die Briefe dem Richter sofort vorlegen, und zwar uneröffnet. Binnen drei Tagen muß die von der Staatsanwaltschaft erfolgte Beschlagnahme vom Richter bestätigt werden, sonst tritt sie von selbst außer Kraft. Die beiden Beteiligten, der Adressat wie der Absender, sind von der erfolgten Beschlagnahme der Postsachen seitens des Richters oder des Staatsanwaltes zu benachrichtigen, sobald das ohne Gefährdung des Untersuchungszweckes geschehen kann. Sendungen, deren Eröffnung überhaupt nicht angeordnet wird, oder deren Zurückhaltung nach der Eröffnung nicht erforderlich ist, sind den Beteiligten sofort auszuantworten. Werden die Briefe zurückbehalten, so ist dem Empfangsberechtigten eine Abschrift zu liefern, sofern die Vorenthaltung mit Rücksicht auf die Untersuchung nicht unbedingt erforderlich erscheint.

Ähnliche Bestimmungen kommen bei Konkursen und im Zivilprozeß in Anwendung. Auf Anordnung des Konkursgerichtes muß die Post alle für den Gemeinschuldner eingehenden Sendungen, Briefe und Depeschen dem Konkursverwalter ausliefern, der zur Eröffnung derselben berechtigt ist. Auch im Zivilprozeß findet sich eine Beschränkung der Bestimmung über das Briefgeheimnis, aber nur in ganz bestimmten, eng begrenzten Fällen, die in Wirklichkeit nur selten eintreten.

Das sind die einzig zulässigen Ausnahmen, in denen vom Prinzip: »Das Briefgeheimnis ist unverletzlich« im Interesse der Rechtspflege abgegangen werden darf.

Andererseits ist eine Übertretung dieses Gesetzes seitens der Beamten mit den schärfsten Strafen bedroht. Denn die Bestimmungen über die Wahrung des Briefgeheimnisses beziehen sich nicht allein auf den Inhalt der Briefe, sondern auch auf die Mitteilung darüber, zwischen welchen Personen Postsendungen gewechselt sind, ob an jemanden ein Brief angekommen ist, ob die Wohnung des Adressaten auf dem Briefe in einer bestimmten Weise angegeben ist etc. In allen diesen Fällen drohen dem Beamten bei Verletzung seiner Amtspflicht Disziplinarstrafen nach Maßgabe des Reichsbeamtengesetzes. So kann er mit öffentlichen Strafen, d. h. Gefängnisstrafen nicht unter drei Monaten, bestraft werden in einigen besonders schweren Fällen der Verletzung des Briefgeheimnisses, z. B. der Eröffnung eines der Post anvertrauten Briefes oder Paketes, der rechtswidrigen Mitteilung des Inhaltes einer Depesche an Dritte. Ferner muß er Ersatz leisten, wenn durch die Verletzung des Briefgeheimnisses seitens der Beamten ein in Geld schätzbarer Schaden erwachsen ist. Und schließlich fällt unter die Verletzung des Briefgeheimnisses auch die absichtliche, rechtswidrige Vernichtung, Unterdrückung oder Vorenthaltung einer der Post anvertrauten Sendung.

Aus allen diesen Tatsachen ergibt sich zur Genüge, eine wie hohe Bedeutung die Post selbst dem Briefgeheimnis beimißt. Sie muß es, denn nur so kann sie das Vertrauen des Publikums gewinnen einer Anstalt gegenüber, die den geistigen Verkehr im Volke vermittelt.

C. Anhang.

Gerichtliche Erkenntnisse über Fragen aus dem Gebiete des Postzwanges.

Erkenntnis des Reichsgerichtes vom 23./28. Mai 1891, betreffend den Begriff „Brief“.

(Archiv für Post und Telegraphie 1892, S. 457 ff.)

Nach den im angegriffenen Berufungsurteile getroffenen tatsächlichen Feststellungen haben die Angeklagten Samuel R. einerseits und die Kaufleute Emil und Elias Albert R. andererseits während einer längeren, im Urteile näher bezeichneten Zeit von J. nach O., welche beide Orte mit Postanstalten versehen waren, durch die Angeklagten M. und S. Sendungen geschickt, und zwar derart, daß dieselben in der ersten Zeitperiode der Angeklagte S., in der zweiten der Angeklagte M., dann wiederum S. und demnächst abermals M. gegen Bezahlung an die Adressaten beförderte. Diese Sendungen bestanden entweder in unstreitig verschlossenen Briefen oder darin, daß die »in der O.er Industrie gefertigten kleinen Waren mit Rücksicht auf ihren geringen Umfang in einen Briefumschlag« gelegt wurden. Dem an sich verschlossenen Briefumschlage war teils ein loser Zettel mit einer die übersandten Waren betreffenden Mitteilung hinzugefügt, teils war die Mitteilung, falls überhaupt eine erfolgte, auf die Außenseite niedergeschrieben. Wegen der Verschickung bzw. Beförderung der ersten Kategorie der Sendungen (verschlossene Briefe) ist nach den §§ 1 und 2 des Postgesetzes vom 28. Oktober 1871 auf Strafe erkannt, dagegen die letztbeschriebene Sendungsgattung von der Bestrafung ausgeschlossen worden.

Der Berufungsrichter hat ferner die gesamte zur Bestrafung gezogene Tätigkeit der Angeklagten Samuel N. sowie Emil und Elias N. während der ganzen Dauer des Botendienstes, die Tätigkeit der beiden anderen Angeklagten während jeder einzelnen Periode ihrer Briefbeförderung als fortgesetztes Delikt angesehen und darnach die Strafe bemessen.

Die Revision der Staatsanwaltschaft sieht in der erfolgten Nichtbestrafung Verletzung der aufgeführten Bestimmungen des Postgesetzes und rügt ferner die Annahme eines fortgesetzten Deliktes.

In ersterer Richtung muß die Revision für begründet erachtet werden.

Nach § 1 des Postgesetzes sind verschlossene Briefe und solche unverschlossene Briefe, welche in verschlossenen Paketen befördert werden, postzwangspflichtig. Nach dem Schlußsatze des § 1 a. a. O. ist es indes gestattet, verschlossenen Paketen, welche auf andere Weise als durch die Post befördert werden, solche unverschlossene Briefe, Fakturen, Preiskurante, Rechnungen und ähnliche Schriftstücke beizufügen, welche den Inhalt des Paketes betreffen.

Für Sachen ist jeder Postzwang weggefallen. Da die oben beschriebenen Sendungen, bezüglich deren Bestrafung nicht erfolgt ist, ebenfalls verschlossen waren und die beigefügten Zettel bzw. Aufschriften auf der Außenseite der Briefumschläge ebenfalls den Inhalt der Sendungen betrafen, so kommt es nur noch darauf an, ob jene Sendungen in Rücksicht auf das der Post zustehende Briefmonopol noch als Briefe anzusehen sind oder unter die Bestimmung des Schlußsatzes des § 1 a. a. O. fallen.

Was als Brief anzusehen ist, darüber enthält das Postgesetz vom 28. Oktober 1871 keinerlei Definition. Bei den Verhandlungen über das letztere, wie über das frühere für den Norddeutschen Bund gegebene Postgesetz vom 2. November 1867 (B. G. Bl. S. 61), welches in § 2 dieselben Bestimmungen enthält wie der § 1 des Postgesetzes vom 28. Oktober 1871, ist die Frage der Notwendigkeit der Aufnahme einer Definition in das Gesetz angeregt, wegen Schwierigkeit der Feststellung des Begriffes indes nicht beantwortet worden, so daß es nach dem Berichte des Bundesratsausschusses vom 23. April 1871 S. 2 (Dambach, Erläuterungen zum Postgesetze vom 28. Oktober 1871 S. 12) richtiger erschienen ist, den Sprachgebrauch und die Postordnung entscheiden zu lassen. Diese Faktoren im Zusammenhange mit dem Postgesetze selbst bilden denn auch für die Prüfung der vorliegenden Frage, welche Merkmale zu berücksichtigen sind, ob im Sinne des Postmonopols eine Sendung als postzwangspflichtiger Brief zu erachten ist, die allein geeigneten Anhaltspunkte. Der gewöhnliche Sprachgebrauch wird nur so weit maßgebend sein, als die postalischen Bestimmungen nicht eine von demselben abweichende Auffassung kennzeichnen. Letzeres trifft zu, sobald dem Inhalte der Sendung ein entscheidendes Gewicht beigelegt wird. Es muß zugegeben werden, daß im gewöhnlichen Leben der Brief als eine schriftliche Mitteilung aufgefaßt wird. Im Sinne des Postmonopols würde eine solche Auffassung zu eng sein, selbst wenn man der schriftlichen Mitteilung den weitmöglichsten Umfang gäbe und sie auch auf gedruckte, lithographierte und ähnliche Mitteilungen ausdehnte. Daß der Brief nur einen derartigen Inhalt haben darf, dafür findet sich weder im Postgesetze noch in der auf Grund des § 50 desselben erlassenen Postordnung vom 8. März 1879[1]) irgend welche Andeutung. In den §§ 10, 11 der letzteren[2]) sind gewisse, dort benannte, hier nicht in Betracht kommende Gegenstände von der Postbeförderung überhaupt — sowohl mittels Briefe, als auch mittels Pakete — unbedingt oder bedingt ausgeschlossen. Daraus folgt, daß die Beförderung aller sonstigen Gegenstände, sei es in Briefen oder Paketen, zulässig ist. Der Begriff des postzwangspflichtigen Briefes wird mithin nicht dadurch beseitigt, daß der Inhalt nicht in schriftlichen Mitteilungen, sondern in Zeitungen, Bildern oder irgend welchen sonstigen Gegenständen besteht, wie denn auch tagtäglich die Postanstalt für das für Briefe vorgesehene Porto Gegenstände jeglicher Art in Briefen, die ein gewisses Gewicht nicht übersteigen, befördert. Um den Inhalt einer Postsendung bekümmert sich, abgesehen von den Fällen der §§ 10, 11 a. a. O., die Postbehörde überhaupt nicht. Daß die schriftliche Mitteilung als Inhalt einer Sendung der letzteren im postalischen Sinne keineswegs ausschließlich die Eigenschaft eines Briefes verleiht, folgt auch daraus, daß die Postverwaltung Sendungen, die nur schriftliche Mitteilungen enthalten, aber ein gewisses Gewicht übersteigen, nicht mehr als Briefe, sondern nur noch als Pakete befördert.[3])

---

[1]) Die jetzt gültige Postordnung datiert vom März 1900.

[2]) §§ 5 und 6 der jetzigen Postordnung.

[3]) Das Meistgewicht für Briefe im inneren Verkehr Deutschlands beträgt nach der Postordnung 250 g. Im Weltpostverkehr ist eine Gewichtsgrenze für Briefe nicht vorgeschrieben.

Der Berufungsrichter dagegen hat den in Rede stehenden Sendungen nur deshalb die Eigenschaft als Briefe abgesprochen, weil, wie er hervorhebt, »nicht die äußere Form der Postsendung, sondern deren Inhalt diese als verschlossenen Brief oder als Warensendung charakterisiert«. Er scheidet von der Bestrafung »alle diejenigen Fälle aus, in welchen eine solche Warensendung erfolgt ist«. Eine derartige Auffassung über den Begriff des Briefes ist rechtsirrig, und es mußte daher, weil andere Gründe für die Negierung der Briefeigenschaft der fraglichen Sengungen nicht angegeben sind, die Aufhebung des Urteiles erfolgen.

Die Revision stellt dagegen als Unterschiedsmerkmal Form und Verpackung der Sendung auf. Es sind dies ebenfalls Kriterien, die für den Sprachgebrauch in Betracht kommen. Über die Beschaffenheit der Form enthalten das Postgesetz und die Postordnung gar keine Bestimmungen. Für die Verpackung schreibt § 7 Ziff. 1 der Postordnung nur vor, daß dieselbe bezüglich aller Sendungen — also sowohl für Briefe wie für Pakete — nach Maßgabe der Beförderungsstrecke, des Umfanges der Sendung und der Beschaffenheit des Inhaltes haltbar und sichernd eingerichtet sein muß, ebenso § 8 Ziff. 1 a. a. O., daß der Verschluß haltbar und so eingerichtet sein muß, daß ohne Beschädigung oder Eröffnung desselben dem Inhalte nicht beizukommen ist. Welche Hülle daher der Absender eines Schreibens zu letzterem verwenden will, ob er hierzu einen festeren oder dickeren Stoff oder ein weniger haltbares Papier gebraucht, ob er das Schreiben auf gewöhnliches Papier oder auf starkes Pergament setzt und dasselbe mit oder auch ohne jeden Umschlag an den benannten Adressaten abschickt, ist ihm freigestellt. In allen Fällen wird auf Grund des Postgesetzes und der Postordnung der Sendung durch ihre Umhüllung die Eigenschaft eines Briefes oder Paketes ohne weiteres weder gegeben noch genommen. Und ebenso wie bei besonderen Briefgattungen — Briefe mit Wertangabe — in § 9 Ziff. 1 der Postordnung noch weitere Sicherungen in der Verpackung gefordert werden, sind umgekehrt einzelne Pakete, wie z. B. einzelne Stücke Wildbret, in § 8, VI a. a. O. von den dort unter 1 und 4 aufgestellten Erfordernissen befreit. Hiervon verschieden ist die Frage, inwieweit zu dem der Post gewährten ausschließlichen Rechte auf Briefbeförderung auch die Pflicht der Beförderung hinzutritt. In dieser Richtung sind noch ferner die zur Postordnung erlassenen

»Ausführungsbestimmungen« maßgebend, wie sich solche in Abschnitt V der Allgemeinen Dienstanweisung für Post und Telegraphie vorfinden. Es enthalten dieselben zu 1, II der Postordnung spezielle Anordnungen über Größe, Dicke und sonstige Beschaffenheit der Sendungen, von deren Befolgung die Annahme zur Beförderung durch die Post als Briefe abhängig gemacht ist, und es sind auch zu den §§ 7—9 der Postordnung noch nähere Bestimmungen getroffen, wie die Verpackung beschaffen sein muß, um die Beförderung durch die Post zu ermöglichen, die Zurückweisung der Annahme zu verhüten.

Man wird nun zwar anerkennen müssen, daß die jenen Vorschriften entsprechenden Sendungen unter allen Umständen als Briefe anzusehen sind. Für die Frage der Postzwangspflicht indes haben diese Bestimmungen nur einen relativen Wert. Denn wenn sie auch der Post das Recht geben, anders geformte oder verpackte Briefe von der Beförderung auszuschließen, so befreit eine andere Formierung oder Verpackung der Sendungen noch nicht ohne weiteres vom Postzwange. Anderenfalls würde es genügen, solchen Sendungen nur eine von den bezeichneten Vorschriften abweichende Form oder Verpackung zu geben, um dieselben dem Postzwange zu entziehen, d. h. das Postmonopol zu umgehen. Gerade hinsichtlich der Kriterien der Form und Verpackung wird daher, unabhängig von jenen Ausführungsbestimmungen, der Sprachgebrauch, ob darnach eine Sendung als Brief anzusehen sei, in Betracht kommen. Im vorliegenden Falle wird freilich die anderweite Feststellung in diesen Richtungen kaum Schwierigkeiten bieten, da es einerseits — bisher wenigstens — nicht bestritten ist, daß die Form der fraglichen Sendungen der des Verkehrslebens entsprochen hat und andererseits die festgestellte Verwendung von »Briefumschlägen« — anscheinend von gewöhnlichem Papier — auch nach dem Sprachgebrauche rücksichtlich des Merkmales der Verpackung den Begriff des Briefes erfüllt.

Zu dem Kriterium des Sprachgebrauches nach Form und Verpackung der Sendung tritt indes als ferneres Merkmal für die Eigenschaft einer Sendung als Brief das Gewicht derselben hinzu, wie solches in § 1 der Postordnung für Briefe bis höchstens auf 250 g bemessen ist, so daß in dieser Richtung auch ein hiervon etwa abweichender Sprachgebrauch beseitigt worden ist. Besitzt eine Sendung daher nach der Auffassung im Verkehr, insbesondere auch in Rücksicht auf Form und Hülle, die Eigenschaft eines Briefes, so muß ihr Gewicht ferner noch innerhalb der Grenze bis zu 250 g sich bewegen, um der Postzwangspflicht zu unterliegen, anderenfalls sie — abgesehen von den Drucksachen und Warenproben — als Paket zu befördern ist. Der gegen den absoluten Wert dieses Kriteriums etwa zu erhebende Einwand, daß nichts im Wege steht, auch Schreiben und andere Gegenstände, die weniger als 250 g wiegen, ebenfalls als Paket zu verschicken, verliert sein Gewicht durch die Erwägung, daß nach § 1 des Postgesetzes der Post nur das ausschließliche Recht der Beförderung der dort näher bezeichneten Briefe zusteht, nicht aber das Recht, zu verlangen, daß den Sendungen im Gewicht von weniger als 250 g auch die äußere Form der Briefe gegeben werde und daß daher die Post kein Interesse daran hat, wenn ein Absender es für angemessen erachtet, ihr jene mindergewichtigen Gegenstände nicht als Briefe für den geringeren Portosatz, sondern als Pakete gegen das für diese normierte höhere Porto zur Beförderung zu geben. Für den dem postalischen Briefmonopole gewährten Umfang genügte die Bestimmung, daß für Briefe das Meistgewicht 250 g betragen soll, daß also ein Brief mit einem Mehrgewicht nicht mehr unter das Monopol fällt und infolge davon dessen Beförderung auch nicht mehr für dasjenige Porto erfolgt, welches für die dem Monopole unterliegenden Briefe festgesetzt ist.

Der Berufungsrichter wird demgemäß nunmehr anderweit zu prüfen haben, ob nach den für den Sprachgebrauch in Betracht kommenden, oben niedergelegten Gesichtspunkten und ferner nach den Gewichtsbeträgen diejenigen Sendungen, die derselbe von der Bestrafung ausgeschlossen hat, als Briefe im Sinne des § 1 des Postgesetzes anzusehen sind.

Die Auffassung des Berufungsrichters, daß die zeitlich nicht getrennten Portohinterziehungen als ein fortgesetztes Vergehen anzusehen seien, ist von einem Rechtsirrtum nicht beeinflußt und daher der betreffende Revisionsbegriff unbegründet.

Die Aufhebung des Urteils mußte sich ferner auf sämtliche Feststellungen, also auch auf diejenigen, welche zur Bestrafung geführt haben, erstrecken, weil das Berufungsurteil die gesamte Tätigkeit der einzelnen Angeklagten als Einheitsdelikt aufgefaßt hat.

Da das Postgesetz von 1871 keinerlei Bestimmungen über das Zusammentreffen von strafbaren Handlungen enthält, so gelangen nach § 2 des Einführungsgesetzes zum Reichsstrafgesetzbuch die Vorschriften dieses Gesetzes zur Geltung. Nach den Motiven zum Postgesetze von 1871 — Drucksachen des Reichstages zur ersten Legislaturperiode, I. Session 1871, Bd. I, Nr. 87, S. 19 — sind denn auch die in dem früheren Gesetze über das Postwesen vom Jahre 1867 noch enthaltenen Sonderbestimmungen über die Konkurrenz bei Post- und Portohinterziehungen in das neue Gesetz nicht übernommen worden, »da,« wie es dort lautet, »auch in betreff dieser Materie das Bundesstrafgesetzbuch zur Anwendung kommen müsse«.

Das Reichsstrafgesetzbuch aber gestattet nach der konstanten Rechtsprechung des Reichsgerichtes unter gewissen Voraussetzungen die Zusammenfassung einer Reihe von Einzelhandlungen zu einer Tat als fortgesetztes Delikt, und es lag daher kein Hindernis vor, eine solche Auffassung auch für Postportohinterziehungen zur Verwendung zu bringen. Da ferner jene Voraussetzungen bei den im Urteil zweiter Instanz getroffenen Feststellungen, insbesondere die Einheitlichkeit des Entschlusses, die Gleichartigkeit der Begehungsform und die Einheit des Rechtsgutes, welches durch die Handlungen verletzt wurde, nämlich das dem Reiche zustehende Postmonopol, berücksichtigt sind, so ist bei der Subsumtion der Tatsachen unter den Begriff des fortgesetzten Deliktes ebensowenig ein Rechtsirrtum erfindlich.

Unberechtigt verlangen das schöffengerichtliche Urteil, welches die Tätigkeit der Angeklagten als selbständige Handlung ansieht, und die Revision der Staatsanwaltschaft den Nachweis eines besonderen »Tatumstandes« für den die gesamten Einzelhandlungen beherrschenden Entschluß. Dieser Entschluß kann sich freilich in speziellen, zur äußeren Erscheinung gelangenden Tätigkeitsakten unmittelbar kennzeichnen; er kann indessen als eine innere Tatsache ebensowohl aus der Gesamtbeschaffenheit der Einzelhandlungen gefolgert werden. Ebensowenig hinderte der Mangel des Bewußtseins der Strafbarkeit der Handlungen die Annahme eines Einheitsdeliktes, zumal ein Irrtum über das Strafgesetz der Regel nach überhaupt einflußlos ist.

Der Entschluß, eine Reihe von zeitlich getrennten Handlungen zum voraus in den Willen aufzunehmen, ist unabhängig davon, ob die Handlungen im Bewußtsein des sich Entschließenden strafbar oder straflos sind. Auch die Tatsachen, daß die angeklagten beiden Boten außer den in Rede stehenden Sendungen noch andere Gegenstände beförderten und andere Geschäfte besorgten, hat keineswegs zur notwendigen Folge, daß es unangänglich ist, die fortgesetzte Beförderung der fraglichen Sendungen als von demselben von vornherein gefaßten Vorsatz getragen anzusehen.[1])

Erkenntnis des Reichsgerichtes vom 8. Januar 1894, betreffend den Begriff „Brief“.

(Archiv für Post und Telegraphie 1895, S. 428 ff.)

Der Lotteriekollekteur A. in B., welcher sich gewerbsmäßig mit dem Verkaufe von Losen der Hamburger Staatslotterie befaßt, läßt, wie dies bei dergleichen Unternehmungen üblich ist, besondere Reklamezettel drucken, auf welchen die Zahl und Größe der Gewinne, die Preise von ganzen und Teillosen, die Ziehungstage usw. angegeben sind. Den Druck der Reklamezettel und deren Verbreitung hatte im Jahre 1892 der Buchdruckereibesitzer E. in B. übernommen. E. richtete am 17. Dezember 1892 an die Privat-Briefbeförderungsgesellschaft in S. in Württemberg die Anfrage: ob sie gewillt wäre, 6000 bis 10000 verschlossene Briefe ohne Aufschrift »an gute, bessere Adressen« zu verteilen, und bejahendenfalls: welche Vergütung sie dafür verlange. Die Antwort der Privat-Briefbeförderungsgesellschaft lautete: sie wäre zur Bestellung der Briefe bereit; die Gebühr für einen Brief betrüge 3 Pf., bei der Aufgabe von 1000 bis 10000 Briefen würde eine Ermäßigung von 10 % gewährt.

Am 28. Dezember 1892 schrieb E. an die Privat-Briefbeförderungsanstalt, daß er unter ihrer Adresse eine Kiste mit 6000 Briefen alsEisenbahneilgut abgesandt hätte; die Briefe möchten sofort an

---

[1]) Das anderweite Berufungsgericht entschied auf Grund der Ausführungen des Reichsgerichtes und des erneut festgestellten Tatbestandes, daß auch »in Briefumschlägen als Umhüllung verpackte Warensendungen rücksichtlich der Form und der Verpackung — abgesehen von dem Inhalt — nach dem Sprachgebrauche den Begriff eines Briefes erfüllen«, daß bei jedem der angeklagten Boten zwei fortgesetzte Portohinterziehungen anzunehmen wären und die übrigen Angeklagten sich je einer fortgesetzten Portohinterziehung schuldig gemacht hätten.

»nur gut situierte, bessere Adressen« bestellt werden. Am 30. Dezember 1892 wurden die Briefe, ohne daß sie nachträglich eine Aufschrift erhalten hätten, durch die Boten der Privat-Briefbeförderungsgesellschaft an geeignet erscheinende Personen in S. bestellt.

Als die beteiligten Postbehörden Kenntnis von der Angelegenheit erhielten, leiteten sie gegen den Lotteriekollekteur A., den Buchdruckereibesitzer E. und den Inhaber der Privat-Briefbeförderungsanstalt L. das Strafverfahren wegen Portohinterziehung ein. Das Verfahren wider L. gelangte auf dessen Antrag zur gerichtlichen Entscheidung. Das Gericht erster Instanz, das Kgl. Württembergische Landgericht in S., sprach L. von der wider ihn erhobenen Anklage frei und begründete diese Entscheidung wie folgt:

»Rechtsnormen über Monopole bzw. Regalien, welche, wie das Postregal, im Gegensatze gegen § 1 der Gewerbeordnung einen an sich zulässigen Gewerbebetrieb dem Publikum untersagen und einem Bevorrechtigten zuweisen, müssen als Ausnahmebestimmungen strenge ausgelegt werden. Soweit solche privilegierte Gewerbebetriebe einem an sich gesetzmäßigen Bedürfnisse des Publikums zu entsprechen nicht in der Lage sind, da ist die Rechtsgrenze des Monopols durch diese Tatsache gegeben.

Das Postmonopol besteht in dem ausschließlichen Rechte der Postverwaltung auf dienstmietweise Beförderung verschlossener Briefe und politischer Zeitungen von Orten mit einer Postanstalt nach anderen Orten mit einer Postanstalt. Briefe im Sinne des Postgesetzes sind Umschläge mit oder ohne schriftlichen Inhalt, welche nach dem Willen des Absenders an eine von ihm bestimmte Person befördert werden sollen. Die diese Person bezeichnende Willenserklärung des Absenders ist in der Aufschrift enthalten; andere Briefe als solche, auf welchen die Empfänger so bestimmt bezeichnet sind, daß jeder Ungewißheit vorgebeugt wird, befördert die Post nicht.

Briefe, bei welchen der Absender die Personen selbst nicht bezeichnen kann, an welche die Zustellung erfolgen soll, sind keine Briefe im Sinne des Postgesetzes; sie werden von der Postanstalt gar nicht angenommen. Wird die Person des Empfängers zufolge der Willensbestimmung eines Dritten erst an einem anderen Orte bestimmt bzw. bezeichnet, so werden die Umschläge erst an diesem

Orte und von diesem Augenblicke an Briefe im Sinne des Postgesetzes, und der Dritte, welcher den Empfänger bestimmt, ist der Absender im Sinne des Gesetzes.

Sonderrechtsnormen, welche Handlungen gewisser Art verbieten, enthalten darum, weil sie strenge auszulegen sind, nicht auch ein Gebot an das Publikum, seine Handlungen so einzurichten, daß an sich erlaubte Zwecke nur auf dem Wege erreicht werden, welcher in den Bereich eines Monopols fällt. Wer Zirkulare unter Personen gewisser Kategorien in verschlossenen Briefumschlägen verteilen will, kann nicht genötigt werden, am Bestimmungsorte Verzeichnisse der geeigneten Personen aufzunehmen und sich zuschicken zu lassen, um sodann an seinem Aufenthaltsorte die Briefumschläge mit Adressen versehen zu können, damit der Post Einnahmen erwachsen. Es ist gesetzlich nicht verboten, also erlaubt, von einem Orte mit Postanstalt unadressierte Briefe beliebigen Inhaltes, deren Empfänger der Absender nicht kennt, nicht bezeichnen kann, bzw. sogar nicht einmal wissen will, also Briefe, welche im Sinne des Postgesetzes solche noch gar nicht sind, an eine dritte Person zu schicken und dieser die Bestimmung der Personen zu überlassen, welchen die Briefe behändigt werden sollen.

Der Post gegenüber stehen im gegenwärtigen Falle zwei getrennte Personen und zwei getrennte Willensakte, deren jede außerhalb des Postmonopols liegt. Was die erste Person, der Absender, mit den Zirkularen in nicht adressierten Briefumschlägen in S. anfangen wollte, berührte die Post nicht, solange er die Empfänger, welchen sie zukommen sollten, nicht bestimmte, sogar nicht einmal wußte oder wissen wollte. Die Briefumschläge waren keine Briefe weder in B. noch auf dem Wege nach S. Auch der allgemeine Auftrag an die Privat-Briefbeförderungsanstalt: unter welchen Kategorien von Personen die Sendungen zur Verteilung kommen sollten, berührte das Postmonopol nicht, weil allgemeine Aufträge solcher Art von Postbehörden nicht vollzogen werden bzw. nicht vollzogen werden dürfen. Die zweite Person ist die des Beauftragten, durch dessen ausgeführten Willensakt die 6000 Briefumschläge Briefe wurden, indem dessen Entschließungen die Empfänger bestimmten. Worauf diese Entschließungen beruhten, ob sie dem Auftrage entsprachen oder nicht, kann die Post nicht berühren, sobald der Auftrag keine Umgehung des Monopols, d. h. keine spezielle Bezeichnung vom Adressaten enthält, was ja nicht der Fall war. Tatsache ist, daß die Briefe innerhalb ein und desselben Ortes, also ohne Verletzung des Postgesetzes bestellt worden sind.«

Gegen diese Entscheidung legte die Generaldirektion der Kgl. Württembergischen Posten und Telegraphen, welche sich der Verfolgung des L. angeschlossen hatte (§ 467 der Strafprozeßordnung), die Revision ein und beantragte auf Grund des § 136 des Gerichtsverfassungsgesetzes eine Entscheidung des Reichsgerichtes. Letzteres hob durch Erkenntnis vom 8. Januar 1894 das Urteil des Gerichtes erster Instanz auf und verwies die Sache zur anderweiten Verhandlung und Entscheidung an dasselbe Gericht zurück. Aus den Entscheidungen des reichsgerichtlichen Erkenntnisses sei folgendes wiedergegeben:

»Das Instanzgericht erachtet die Anwendung des § 27, Nr. 1 verglichen mit § 1, Abs. I des Reichsgesetzes vom 28. Oktober 1871 über das Postwesen des Deutschen Reiches auf den hier vorliegenden Tatbestand für ausgeschlossen, weil es sich nicht um eine Versendung von Briefen handelte. Den betreffenden Ausführungen des Instanzgerichtes konnte nicht beigepflichtet werden.

Das Reichspostgesetz trifft keine ausdrückliche Bestimmung darüber, was unter einem Briefe zu verstehen sei. Somit entscheidet hierüber der gewöhnliche Sprachgebrauch in Verbindung mit den reglementären Anordnungen (§ 50 des Reichspostgesetzes), den Postordnungen. Was den Sprachgebrauch betrifft, so bezeichnet er mit dem Wort in der Regel eine Mitteilung an eine andere Person in schriftlicher oder auch in einer die Schrift ersetzenden Form. Die hier in Betracht kommende Württembergische Postordnung vom 27. Juni 1892 (Regierungsblatt S. 197) geht aber über diese auf den Inhalt einer Sendung Bezug nehmende Begriffsbestimmung hinaus, sofern zu dem für Briefe bestimmten Porto nicht nur schriftliche oder sonstige in einer die Schrift ersetzenden Weise abgefaßte Mitteilungen, sondern Gegenstände jeglicher Art bis zum Gewichte von 250 g, falls sie nach ihrer Form und sonstigen Beschaffenheit zur Beförderung mit der Briefpost geeignet sind, als Briefe befördert werden. Sie gibt jedoch keine Begriffsbestimmung eines Briefes mit Rücksicht auf den Inhalt der Beförderung, sondern sie stellt ihn nur in Gegensatz zu Drucksachen, Warenproben und Paketen, indem sie den Unterschied nach dem Meistgewicht bestimmt (Württembergische Postordnung a. a. O. § 2).

Das Instanzgericht erkennt nun zwar an, daß der Begriff eines Briefes im Sinne des Reichspostgesetzes nicht aus dem Inhalte der Sendungen zu entnehmen sei. Indem es aber die Ansicht ausspricht, daß zu einem Briefe im Sinne des Gesetzes die Adressierung der brieflichen Sendung erforderlich sei und daß vor Hinzufügung einer Adresse — einer Aufschrift der Sendung — von einem Brief nicht gesprochen werden könne, stellt es ein Merkmal des Begriffes auf, das weder aus dem Sprachgebrauche noch aus dem Postgesetze und der Postordnung sich begründen läßt. Letztere unterscheidet in ihren Bestimmungen verschiedene Arten von Briefen: gewöhnliche Briefe, Briefe mit Wertangabe (a. a. O. § 10), Einschreibbriefe und Briefe mit Zustellungsurkunde (§§ 19, 23, 27, 34), Postauftragsbriefe (§§ 23, 36), Eilbriefe (§ 25), Bahnhofsbriefe (§ 26); sie schreibt ferner hinsichtlich der Form der Sendungen vor, daß der Absender außer den auf die Beförderung bezüglichen Angaben noch seinen Namen und Stand, seine Wohnung sowie seine Firma vermerken dürfe; bei Briefen können weitere Angaben und Abbildungen, welche sich auf den Stand, die Firma oder das Geschäft des Absenders beziehen, unter Einhaltung gewisser Bedingungen hinzugefügt, auch auf der Rückseite der Briefumschläge, und zwar auf der Verschlußklappe, solche Zeichen und Abbildungen angebracht werden, welche im allgemeinen als Ersatz für einen Siegel- oder Stempelabdruck anzusehen sind. Indessen wird der Begriff eines Briefes weder von der Einhaltung dieser Formen noch von der Art seiner Verpackung oder seines Verschlusses abhängig gemacht, wenngleich nach diesen Richtungen bei bestimmten Arten von Briefen besondere Anforderungen gestellt und gewisse Gegenstände gänzlich von der Beförderung ausgeschlossen (§ 11) oder zu solcher nur bedingt zugelassen werden (§ 12). Ist man somit auch in formeller Hinsicht zunächst wiederum auf den Sprachgebrauch verwiesen, so bezeichnet dieser als Brief eine — schon oben näher charakterisierte — Mitteilung an einen anderen, wenn sie zur Beförderung an ihn bestimmt und ihm auszuhändigen ist, ohne Rücksicht, ob diese Mitteilung verschlossen und dadurch der Kenntnisnahme Dritter entzogen oder in unverschlossenem Zustande offen zur Beförderung gebracht wird, und ohne Rücksicht, ob dem Überbringer der Mitteilung, z. B. einem Boten, die Person desjenigen, dem er sie aushändigen soll, durch eine Aufschrift oder durch eine mündliche Eröffnung bekannt geworden ist. In der Regel zwar wird der Brief eine Aufschrift tragen; aber man spricht auch von Briefen, ohne daß und bevor sie adressiert sind. Nach den Urteilsgründen geschah dieses auch von E. in seiner Anfrage an den Angeklagten, ob er geneigt sei, 6000 bis 10000 Briefe ohne Aufschrift an gute Adressen zu verteilen, und von dem Angeklagten selbst in seiner Antwort, in welcher er sich zur Verteilung gegen eine Gebühr von 3 Pf. für jeden Brief erbot; auch das Instanzgericht spricht in seinem Urteile durchgehends von nicht adressierten Briefen. Diejenigen Bestimmungen des Postgesetzes und der Postordnung, in welchen dem Sprachgebrauche entgegen das von ihm aufgestellte Erfordernis einer Adresse zum Ausdruck gebracht worden ist, hat das Urteil anzuführen unterlassen. Die Postordnung enthält nur die schon erwähnte Ausdehnung des Begriffes in Hinblick auf das Gewicht. Wenn es seine Ansicht etwa darauf gründen wollte, daß die Post andere Briefe als solche, auf welchen die Adressen so bezeichnet sind, daß jeder Ungewißheit vorgebeugt wird, nicht bestellt und daß Briefe, bei welchen der Absender die Personen selbst nicht bezeichnen kann, welchen sie zugestellt werden sollen, von den Postanstalten nicht angenommen werden, so wäre dieser Schluß nicht berechtigt. Zwar sind Postsendungen, welche den nach Gegenstand und Zweck verschiedenen Vorschriften der Postordnung über Form und Verpackung, somit auch Briefe, welche den Vorschriften über Außenseite und Aufschrift nicht entsprechen, von der Beförderung durch die Post ausgeschlossen. Allein hieraus folgt nicht, daß eine diese Vorschriften verletzende Form der Aufschrift oder die gänzliche Unterlassung derselben dem vorschriftswidrig gefertigten Briefe den Charakter eines Briefes nehmen und ihn dem Postzwange entziehen könnte. Werden die von der Postordnung aufgestellten Vorschriften verletzt, so wird der Post zwar die Befugnis eingeräumt, ihrer dem Postzwange entsprechenden Verpflichtung zur Briefbeförderung insolange sich zu entschlagen, bis jene Vorschriften beobachtet sind; aber das nach Maßgabe des § 1 des Postgesetzes ihr zustehende Recht zur ausschließlichen Beförderung der Briefe kann durch Nichtbeachtung der Bedingungen, unter welchen die Beförderung erfolgt, nicht aufgehoben werden. Entscheidet dem Angeführten gemäß der Sprachgebrauch, so enthält das Postgesetz selbst im Schlußsatze des § 1, Abs. 3 eine Anerkennung, daß nach dem Sprachgebrauche der Mangel einer Adresse den Begriff eines Briefes nicht ausschließt;

denn zufolge dieser Gesetzesstelle ist es gestattet, versiegelten, zugenähten oder sonst verschlossenen Paketen, welche auf andere Weise als durch die Post befördert werden, solche unverschlossene Briefe beizufügen, welche den Inhalt des Paketes betreffen. Derartige einem Pakete beigelegte Briefe entbehren aber in zahlreichen Fällen einer Adresse, weil sie in der Regel an dieselbe Person gerichtet sind, für welche das Paket bestimmt ist; der angeführte Schlußsatz aber zählt sie trotz des Mangels einer Adresse zu den Briefen. Schließlich kann noch darauf hingewiesen werden, daß auch das sächsische Postgesetz vom 7. Juni 1859 (Gesetz- und Verordnungsblatt S. 89), welches im § 2 eine Begriffsbestimmung des Briefes gab, der Adresse als eines Begriffsmerkmales nicht erwähnt; denn es verstand unter einem dem Postzwange unterliegenden Briefe jede schriftliche oder gedruckte oder sonst auf mechanischem Wege hergestellte Mitteilung oder Benachrichtigung, wenn sie irgendwie verschlossen oder unter Kreuzband oder Schleife gelegt oder wenn sie verschlossen oder unverschlossen einer Paketsendung beigepackt ist, ohne Unterschied, ob derselben zugleich ein anderer Gegenstand, als z. B. Geld, Warenproben usw., beigefügt ist oder nicht.

Das Instanzgericht erachtet dafür, daß, da das Monopol der Post in Widerspruch mit der Gewerbefreiheit stehe, die Bestimmungen des § 1 des Postgesetzes in einschränkender Weise auszulegen seien. Aus der Gewerbefreiheit (Reichsgewerbeordnung § 1) läßt sich aber ein Schluß auf den Umfang des Postzwanges um so weniger ziehen, als die Gewerbeordnung selbst den Grundsatz der Gewerbefreiheit einer Reihe von Beschränkungen unterzieht und den Betrieb eines Gewerbes nur insoweit jedermann gestattet, als sie nicht Ausnahmen oder Beschränkungen vorschreibt oder zuläßt. Der Grundsatz der Gewerbefreiheit ist somit an sich schon kein schrankenloser. Es hieße aber die Bedeutung, welche der Ausübung des Postbetriebes in großen Staatsorganismen zukommt und welche für das Deutsche Reich aus den Bestimmungen des achten Titels der Verfassungsurkunde vom 16. April 1871 ersichtlich wird, völlig verkennen, wollte man Wert und Inhalt dieses Staatsmonopols aus den beschränkten Gesichtspunkten eines bloßen Gewerbebetriebes des Deutschen Reiches beurteilen. Nur so viel kann zugegeben werden, daß im Zweifel auch die Strafbestimmungen des § 27 des Postgesetzes bei ihrer Anwendung auf Portohinterziehungen, wie alle Strafgesetze, in demjenigen Sinne auszulegen sind, welcher eine mildere strafrechtliche Behandlung des Angeklagten zur Folge hat.

Verfehlt sind ferner die Ausführungen des Instanzgerichtes, daß der Angeklagte nicht der Beförderer, sondern der Absender der Briefe gewesen sei. Nach Maßgabe des § 27, Nr. 1 des Reichspostgesetzes unterliegt der Bestrafung, wer Briefe den Bestimmungen der §§ 1 und 2 zuwider auf andere Weise als durch die Post befördert oder verschickt. Absender ist somit derjenige, der die Briefe verschickt, Beförderer derjenige, der sie vom Absender annimmt, an den Ort, wohin sie gelangen sollen, verbringt und denjenigen, an die sie bestimmt sind, behändigt. Nach dem Urteile haben E. und der Angeklagte als Inhaber der Privatstadtpost in S. vereinbart, daß ersterer die Briefe von B. aus durch die Eisenbahn als Eilgut an den letzteren nach S. verschicke, dieser sie durch seine Bediensteten in S. den Personen, an welche sie bestimmt waren, aushändige. Absender der Briefe war hiernach E., der sie verschickte; Beförderer waren die Eisenbahn und der Angeklagte, der sie durch seine Bediensteten belieferte. Sowenig bei der gesetzmäßigen Verschickung und Beförderung von Briefen der Postbeamte, der sie an ihrem Bestimmungsorte den Briefträgern zur Behändigung an die Adressaten ausfolgt, zum Absender der Briefe wird, sowenig war der Angeklagte, welcher zufolge der über ihre ungesetzliche Verschickung und Beförderung getroffenen Verabredung die Briefe seinen Briefträgern zur Behändigung an diejenigen, denen sie nach dem Willen des E. ausgehändigt werden sollten, am Bestimmungsorte zu S. ausfolgte, hierdurch zum Absender der Briefe des Lotteriekollekteurs A. geworden. Denn die Beförderung im Sinne des § 1 des Reichspostgesetzes umfaßt den Inbegriff sämtlicher zur Ausführung der Verschickung einer Sendung erforderlichen Handlungen vom Zeitpunkte ihrer Entgegennahme aus der Hand des Absenders bis zum Zeitpunkt ihrer Empfangnahme durch den Adressaten. Dabei kann es keinen Unterschied begründen, ob der Absender zur Verschickung nur einer einzigen Person sich bedient oder ob er mehrere Personen oder Beförderungsanstalten benutzt. Da ferner der Absender die Adresse entweder selbst bestimmen und beifügen oder diese Bestimmung und Beifügung einem Dritten überlassen kann, so begründet es weiterhin keinen Unterschied, ob der Dritte zu diesem

Zwecke schon am Orte der Absendung oder erst am Orte der Ankunft tätig wird und ob er hinsichtlich der Personen, denen beliefert werden soll, einen speziellen Auftrag des Absenders, z. B. auf Grund einer ihm übersandten Liste der Adressaten, vollzieht oder ob er die Auswahl, dem Willen seines Auftraggebers entsprechend — vorliegendenfalls die Bestimmung der »guten, besser situierten Adressen« — nach seinem Ermessen trifft. Indem das Urteil feststellt, daß der Angeklagte und E. zum Zwecke der Ausführung der Beförderung die zuletzt erwähnte Maßregel vereinbart hätten, irrt dasselbe, wenn es die Beförderung in zwei Akte zerlegt, deren einer in der Verschickung der Briefe durch E. von B. nach S. an die Privatstadtpost, der andere in ihrer Verschickung durch die Privatstadtpost in S. an die Empfänger bestehen soll. Vielmehr kann, da die Tätigkeit des Angeklagten eine mit E. vereinbarte war, nur die Frage über die Anwendung der strafrechtlichen Grundsätze von der Teilnahme sich erheben. Denn wollte man zulassen, daß ganze Sendungen in einem Paket vereinigter Briefe im Einverständnis mit einer Privatpostanstalt von einem Orte mit einer Postanstalt unter der Adresse der Privatpost nach einem anderen Orte mit einer Postanstalt durch andere als postalische Transportmittel verschickt und hier durch die Privatpost an diejenigen, für die die Briefe bestimmt sind, beliefert würden, so würde das Gebot des Postzwanges auf enge Kreise beschränkt und an Orten mit großem Briefverkehr den Staatsposten ein Ende bereitet werden. Daß der Umfang des Geschäftsbetriebes der Privatpostanstalten zu solchen Folgen führen würde, kann der Angeklagte nach dem Inhalte des Urteils nicht bestreiten, da er, wie im vorliegenden Falle, auch in zahlreichen anderen Fällen auswärtige Briefe an denjenigen Teil des Publikums, welchen der Besteller wünschte, z. B. an Familien, an Frauen, an Raucher usf., nach seiner Auswahl habe austragen lassen.

Dem Ausgeführten zufolge war zu erkennen, wie geschehen.«

Erkenntnis des Reichsgerichtes vom 23. Mai 1898, betreffend die Frage, ob Zeitungen in verschlossenen Umschlägen als „Soldatenbriefe“ portofrei zu befördern sind, und den Begriff des „Briefes“.

(Archiv für Post und Telegraphie 1899, S. 692 ff.)

Der Botaniker Dr. B. in H. hatte im Jahre 1897 fortgesetzt verschlossene Briefe, die Drucksachen enthielten, an den Grenadier W. in K. unter der von der Bezahlung des Portos befreienden Bezeichnung »Soldatenbrief. Eigene Angelegenheit des Empfängers« mit der Post versandt. Die Oberpostdirektion in H. fand in dem Verfahren des Dr. B. einen Verstoß gegen die Strafbestimmungen im § 27, 2 des Postgesetzes vom 28. Oktober 1871 und leitete infolgedessen das Verfahren wegen Portohinterziehung gegen Dr. B. ein. Gegen den Strafbescheid der Oberpostdirektion trug Dr. B. auf richterliche Entscheidung an. Das Schöffengericht in H. sprach den Angeklagten frei. Nachdem die gegen dieses Urteil erhobene Berufung von der Strafkammer des Landgerichts in H. zurückgewiesen worden war, legte die Staatsanwaltschaft Revision beim Reichsgericht ein, welches indessen die Revision verwarf, und zwar unter folgender Begründung:

Durch § 5 des Bundesgesetzes vom 5. Juni 1869, betr. die Portofreiheiten im Gebiete des Norddeutschen Bundes (Gesetzblatt für den Norddeutschen Bund für 1869, S. 141), sind die Portovergünstigungen, welche den Personen des Militärstandes und denen der Bundeskriegsmarine bewilligt sind, einstweilen aufrechterhalten, dem Bundespräsidium aber ist vorbehalten worden, diese Portovergünstigungen aufzuheben oder einzuschränken. Eine Zusammenstellung der Grundsätze über Portofreiheit und Portoermäßigung für Soldaten im Norddeutschen Postgebiete ist in der diese Zusammenstellung genehmigenden Allerhöchsten Kabinettsordre vom 28. Januar 1868 (Armeeverordnungsblatt für 1868, S. 64 ff.) enthalten. Hier ist, was die vorliegende Frage anlangt, folgendes bestimmt: Die in Reih und Glied stehenden Soldaten bis zum Feldwebel oder Wachtmeister einschließlich aufwärts und die entsprechenden Mannschaften der Bundeskriegsmarine genießen für ihre Person folgende Portovergünstigungen: Für die an Soldaten...... gerichteten Briefe bis zum Gewicht von 4 Lot kommt kein Porto zum Ansatz..... Die Adressen der zur Portovergünstigung geeigneten Sendungen müssen die Bezeichnung: »Soldatenbrief. Eigene

Angelegenheit des Empfängers« enthalten ..... Sendungen, welche a) rein gewerbliche Interessen des Adressaten betreffen, z. B. den Vertrieb eines von einer Militärperson herausgegebenen Werkes, oder b) im ausschließlichen gewerblichen Interesse des Absenders an eine Militärperson gerichtet sind, z. B. die Zusendung buchhändlerischer oder kaufmännischer Anzeigen an einen Soldaten, haben auf Portovergünstigung keinen Anspruch.

Diese Bestimmungen sind mit einigen durch die der Veränderung unterliegenden Verhältnisse notwendig gewordenen Berichtigungen bzw. Ergänzungen in die allgemeine Dienstanweisung für Post und Telegraphie übergegangen, welche, und zwar sowohl die vom Jahre 1885, als auch die vom Jahre 1895, in Abschnitt III Abt. I unter »B. Portovergünstigungen« in § 41 (S. 21 ff.) folgendes bestimmt (Absatz 1): Die in Reih und Glied stehenden Soldaten bis zum Feldwebel oder Wachtmeister aufwärts ..... genießen für ihre Person innerhalb des deutschen Reichspostgebietes einerseits und Bayern und Württemberg andererseits folgende Portovergünstigungen: 1. Für gewöhnliche Briefe an die Soldaten ..... kommt, insofern diese Briefe als »Soldatenbriefe. Eigene Angelegenheit des Empfängers« bezeichnet sind und das Gewicht von 60 g nicht übersteigen, Porto nicht in Ansatz ..... (Absatz 3): Alle Postsendungen von Soldaten ..... sowie die unter 1, 2 und 3 nicht bezeichneten Postsendungen an Soldaten unterliegen der vollen Portozahlung ..... (Absatz 4): Sendungen, welche a) rein gewerbliche Angelegenheiten des Empfängers betreffen, z. B. den Vertrieb eines von einer Militärperson herausgegebenen Werkes; b) in ausschließlichen gewerblichen Angelegenheiten des Absenders an eine Militärperson gerichtet sind, z. B. buchhändlerische oder kaufmännische Anzeigen an einen Soldaten; c) an Soldaten usw. im Orts- und Landbestellbezirke des Aufgabeortes gerichtet sind, haben auf Portovergünstigungen keinen Anspruch.

Bezug zu nehmen ist hier noch auf die Bestimmung unter C. Portofreiheitswesen § 43, welche lautet:

> »Die gesetzlichen Grundbestimmungen über das Portofreiheitswesen enthält das Gesetz vom 5. Juni 1869. Dieses Gesetz gilt innerhalb des ganzen Deutschen Reichspostgebietes, auch ist seine Wirksamkeit auf den Verkehr zwischen dem Deutschen Reichspostgebiet einerseits und Bayern und Württemberg andererseits, ausgedehnt worden.

> Zur Ausführung des Portofreiheitsgesetzes ist das in der Anlage 6 abgedruckte Regulativ verlassen worden,«

sowie auf die Vorschriften dieses Regulativs (»über Portofreiheiten«) unter A. Artikel 9:

> »In betreff der Portovergünstigungen, welche den Personen des Militärstandes und der Kriegsmarine bewilligt sind, tritt eine Änderung nicht ein«,

und unter C. Artikel 12:

> »Wird eine portopflichtige Mitteilung einer portofreien Sendung hinzugefügt oder ein portopflichtiger Gegenstand mit einem portofreien zusammengepackt, so ist die ganze Sendung portopflichtig und darf mit dem Portofreiheitsvermerke nicht versehen werden.«

Soviel die rechtliche Beurteilung der vorliegenden Sache anlangt, ist offenbar von entscheidender Bedeutung die Frage, in welchem Sinne der Ausdruck Brief in der angezogenen Allerhöchsten Kabinettsordre vom 28. Januar 1868 zu verstehen sei, ob insbesondere in dem Sinne, von dem das Reichspostgesetz vom 28. Oktober 1871 und die an dieses Gesetz sich anschließenden Postordnungen, Ausführungsbestimmungen, Anweisungen usw. ausgehen oder in einem anderen, eingeschränkteren Sinne, und ob von jenem oder doch mindestens von diesem letzteren Gesichtspunkte aus, oder ob endlich auf Grund später erlassener besonderer Bestimmungen in der im Urteil festgestellten Handlung des Angeklagten mit Recht eine Portohinterziehung gefunden werden dürfe. Das Reichsgericht hat bereits in mehreren, zum Teil veröffentlichten Entscheidungen sich dahin ausgesprochen, daß weder das Postgesetz noch die Postordnung und die sonstigen auf dem Gebiete des Postwesens erlassenen Vorschriften, Anweisungen usw. eine allgemein gültige, erschöpfende Begriffsbestimmung des Briefes enthalten, und daß unter diesen Umständen für den Begriff des Briefes die herrschende Auffassung des allgemeinen Verkehrslebens maßgebend erscheinen muß, soweit nicht nach gewissen einzelnen Richtungen hin spezielle, der Materie des Postwesens angehörige Vorschriften hierin eine rechtlich wirksame Modifikation, sei es nun in einem erweiternden, sei es in einem einengenden Sinne, geschaffen haben (Entscheidungen des Reichsgerichtes in Strafsachen, Bd. 22 S. 22ff., Bd. 25 S. 20ff., vgl. auch Bericht des Bundesratsausschusses vom 23. April 1871, S. 2).

Von diesem Standpunkte aus rechtfertigt sich die Annahme, daß, mag auch der Brief nach seiner historischen Entwicklung anfänglich nur dazu bestimmt gewesen sein, eine ausdrückliche gedankliche Mitteilung des Absenders an den Empfänger zu vermitteln, doch in dem späteren Verkehrsleben das Vorhandensein einer solchen ausdrücklichen Mitteilung als wesentliche Voraussetzung für den Begriff des Briefes nicht festgehalten, dieser vielmehr auch dann für gegeben erachtet worden ist, wenn die gedankliche Mitteilung nur stillschweigend erfolgt ist, und dies konnte auf die mannigfachste Weise geschehen, z. B. durch eine besonders äußere Gestaltung oder Ausstattung des Briefes oder durch Einlegung eines mit bestimmten Zeichen bedeckten Blattes Papier oder gewisser kleinerer Gegenstände in den Briefumschlag, selbst durch Übersendung eines völlig leeren Briefumschlages usw., sofern nach einer Verabredung zwischen Absender und Empfänger oder nach den begleitenden sonstigen Umständen in jenem Moment sich ein bestimmter Gedanke für die Beteiligten erkennbar ausprägte. Von diesem Standpunkte aus konnte das Verkehrsleben berechtigterweise zu der Auffassung gelangen, daß die Einlegung derartiger kleinerer Gegenstände in einen Briefumschlag, selbst wenn sie nicht allein durch sich selbst eine gedankliche Mitteilung verkörperten, sondern an sich nur ein Beförderungsobjekt darstellten, den Begriff des Briefes nicht aufhebe, sofern nur sonst die Sendung den postalischen Normen über die Beschaffenheit der von der Post zu befördernden Briefe entspreche. Dies jedenfalls dann, wenn die Sendung vermöge weiterer, auch außerhalb der Sendung liegender Tatumstände eine stillschweigend geschehende Gedankenmitteilung zum Ausdruck bringt. Hiermit ist auch das von der Revision angezogene reichsgerichtliche Urteil vom 25. Mai 1895 (Entscheidungen des Reichsgerichts in Strafsachen, Bd. 27, S. 256ff.) zu vereinigen, da es in dem Satze S. 259 und 260 nur den Sendungen, welche nichts weiter als eine Beförderung von Sachen ohne gleichzeitige, auch nur stillschweigende, gedankliche Mitteilung darstellen, den Charakter eines Briefes absprechen will, wobei hier nur noch darauf hingewiesen werden mag, daß jenes Urteil, wie seine weitere Begründung klar ergibt, auf dem bezeichneten Satze gar nicht beruht, der letztere also die Eigenschaft eines entscheidenden Ausspruches gar nicht besitzt. Von der obigen Auffassung geht auch die Reichspostverwaltung selbst aus, wie sich daraus ergibt, daß die bestehenden Vorschriften über das Postwesen keine Bestimmung enthalten, durch welche die Einlegung derartiger kleinerer Gegenstände in Briefumschläge, sei es nun neben einer schriftlichen Mitteilung oder ohne eine solche, sei es, daß jene Gegenstände die Träger einer (stillschweigenden) Gedankenäußerung darstellen oder nur als Beförderungsobjekte auftreten, schlechthin für unzulässig und mit dem Charakter eines Briefes für unvereinbar erklärt wird, daß andererseits die Reichspostverwaltung anerkanntermaßen Briefe mit eingelegten kleineren Gegenständen, sofern die in betreff der Briefsendungen im allgemeinen bestehenden Normen erfüllt sind, ohne Anstand, ohne sich weiter um diesen Inhalt und den Zweck seiner Sendung zu bekümmern, zur Beförderung als Briefe übernimmt und befördert. Nach den vorhandenen postalischen Bestimmungen läßt sich vielmehr die Eigenschaft eines der Beförderungspflicht der Post unterliegenden Briefes nur solchen Sendungen absprechen, die nach ihrer Form und Beschaffenheit nicht in die Briefbunde verpackt werden können, und bei denen ohne Beschädigung des Inhaltes eine deutliche Stempelung, sowohl auf der Vorderseite wie auf der Rückseite nicht möglich ist (§ 1 Abs. 2 der Ausführungsbestimmungen zur Postordnung) oder deren Beförderung mit Rücksicht auf die Beschaffenheit des Inhaltes mit Gefahr verbunden sein würde (§ 11 der Postordnung), oder deren Gewicht das für Briefe bestimmte Höchstgewicht übersteigt. Aus den vorstehenden Erwägungen hat auch das Reichsgericht bereits in den oben angezogenen Erkenntnissen sich dahin ausgesprochen, daß der Inhalt der einzelnen Postsendung für die Frage, ob sie als Brief aufzufassen sei oder nicht, nicht so schlechthin entscheidend sei. An dieser Auffassung ist auch jetzt noch festzuhalten gewesen.

Ein zureichender Grund, die Drucksachen aus der Klasse der kleineren Gegenstände, die in einen Briefumschlag eingelegt werden dürfen, grundsätzlich auszuscheiden, ist nicht ersichtlich. Er kann weder aus der natürlichen Beschaffenheit einer Drucksache hergeleitet werden, die im Gegenteil — wenigstens für die Regel — deren Einlegung in einen Briefumschlag besonders leicht gestattet und, sofern sie nicht gewisse Ausdehnungen übersteigt, deren Verpacken in die Briefbunde ermöglichen wird, noch aus den vorhandenen postalischen Bestimmungen. Allerdings wird hier der Drucksachen neben den Briefen und in einem gewissen Gegensatz zu diesen gedacht, aber dies doch nur insofern, als bestimmt ist, daß Drucksachen bei Beobachtung gewisser Versendungsformen zu einem ermäßigten Portosatze befördert werden sollen. Daß zwischen Drucksachen — und zwar Drucksachen ganz im allgemeinen, also auch soweit es sich im einzelnen Falle nur um Übersendung einer Drucksache von geringfügigem Umfang, z. B. einer Preisliste, eines kleinen Zirkulars, eines kurzen Berichtes, einer gedruckten Besuchskarte, eines Zeitungsausschnittes usw. handelt, — und Briefen nach irgendeiner anderen Beziehung ein wesentlicher, grundsätzlicher Unterschied bestehen solle, dergestalt, daß Drucksachen und Briefe in einem begrifflichen, keine Ausgleichung zulassenden Gegensatz zueinander ständen, ist aus keiner der in das Postwesen einschlagenden Vorschriften mit irgend genügender Klarheit zu entnehmen. Auch von diesem Gesichtspunkt aus ergibt sich daher kein Bedenken gegen die Annahme, daß die Einlegung einer Drucksache in einen Briefumschlag den Charakter dieser Sendung als eines Briefes an sich nicht aufhebt.

Auch der in dieser Sache ergangene Strafbescheid der Oberpostdirektion in H. geht anscheinend von dem gleichen Standpunkt aus. Er bekämpft nicht die Annahme, daß die hier in Betracht kommenden Sendungen des Angeklagten als Briefe aufzufassen seien, sondern stützt sich nur darauf, daß die Beförderung von Drucksachen an Soldaten schlechterdings portopflichtig sei, und daß daher die Einlegung einer Drucksache in einen Brief, der an einen Soldaten der oben genannten Kategorie gerichtet sei, diesem Briefe die ihm nach den bereits angezogenen Bestimmungen an und für sich zuzugestehen gewesene Portofreiheit nach § 27 des Reichsgesetzes über das Postwesen vom 28. Oktober 1881 entziehe, wie denn auch die erkannte Strafe unter Zugrundelegung des Portos für einen unfrankierten einfachen Brief festgesetzt worden ist.

Für die Annahme, daß die Allerhöchste Kabinettsordre vom 28. Januar 1868 oder das Bundesgesetz vom 5. Juni 1869 den Begriff des Briefes in einem anderen, und zwar engeren Sinne verstanden hätten, als nach dem Gesagten der allgemeine Verkehr und in der folgenden Zeit ergangene, das Postwesen betreffende Vorschriften, daß sie von der Auffassung ausgegangen seien, durch die Einlegung einer Drucksache in einen Briefumschlag werde der Begriff des Briefes aufgehoben, sei es im allgemeinen, sei es wenigstens hinsichtlich derjenigen Briefe, für die gewissen Klassen des Soldatenstandes Portofreiheit zugestanden werde, oder eine

Drucksache (im allgemeinen) stehe mit einer schriftlichen gedanklichen Mitteilung derart in einem grundsätzlichen Gegensatz, daß ihre Vereinigung in eine einheitlich zu beurteilende — und zwar als Brief aufzufassende — Sendung unstatthaft sei, sie vielmehr in bezug auf die Frage der Portopflichtigkeit nur eine jede für sich gesondert in Betracht gezogen werden dürfe, fehlt es an einem genügenden Anhalt. Weder die Kabinettsordre noch das angezogene Bundesgesetz enthalten irgendeine Bestimmung oder auch nur eine Andeutung dahin, daß sie unter einem Brief etwas anderes verstanden wissen wollen, als was zur damaligen Zeit darunter verstanden wurde, und daß zu jener Zeit der Begriff des Briefes im Verkehr anders beurteilt worden sei, als in dem späteren Verkehr und in der seit 1871 vorliegenden Gesetzgebung und der sich hieran schließenden reglementären Regelung auf dem Gebiete des Postwesens, dafür läßt sich nicht das mindeste anführen. Es muß daher in Übereinstimmung mit den Vorinstanzen anerkannt werden, daß die in der Kabinettsordre für die dort gedachten Briefe gewährte Portofreiheit nicht schon ohne weiteres dadurch aufgehoben wird, daß in den Briefumschlag, neben einer besonderen schriftlichen Mitteilung oder auch ohne eine solche, eine Drucksache eingelegt worden ist. Durch eine derartige Einlegung wird auch im Sinne der Kabinettsordre der einheitliche Charakter der betreffenden Postsendung als eines Briefes nicht berührt, und daher muß die hier den Briefen gewährte Portofreiheit auch den bezeichneten Sendungen als zugestanden gelten.

Die neuere Gesetzgebung hat den hier erörterten Gegenstand nicht weiter berührt. Ebensowenig ist bisher vom Bundespräsidium selbst aus eine Verfügung ergangen, durch welche die in der Kabinettsordre zusammengestellten Bestimmungen in einem die ihnen nach dem Ausgeführten an sich zuzugestehende Tragweite einschränkenden Sinne abgeändert worden wären. Eine solche den Begriff des Briefes einschränkende Änderung ist auch nicht in den später erlassenen Postordnungen und Regulativen ausgesprochen worden, wie sich bei deren Prüfung ergibt, und wobei nur noch hier auf die bereits oben angeführte Bestimmung des Regulativs (Anlage 6 zu Abschnitt III Abt. 1 der allgemeinen Dienstanweisung für Post und Telegraphie) unter A. Artikel 9 hingewiesen werden mag. Einer speziellen Erörterung bedarf in dieser Beziehung lediglich der folgende Punkt: Während der Text des § 41 in Abschnitt III Abt. 1 der Allgemeinen Dienstanweisung für Post und Telegraphie unter B (S. 21 und 22) keinerlei Bestimmung enthält, die eine Einschränkung des Begriffes eines Briefes nach der hier in Frage stehenden Richtung hin zum Ausdruck brächte, findet sich unter dem Text (S. 22) eine Anmerkung folgenden Inhaltes:

> »Die für gewöhnliche Briefe an Soldaten gewährte Portofreiheit erstreckt sich auch auf Postkarten, sofern letztere in der Aufschrift mit dem Vermerk: ‚Soldatenbrief. Eigene Angelegenheit des Empfängers' versehen sind. Auf die in Briefen oder unter Kreuzband an die Soldaten gerichteten Drucksachen (Zeitungen usw.) erstreckt sich die Befreiung vom Porto nicht.«

Allein mit Rücksicht auf die Fassung dieser Bemerkung und die ihr zugewiesene Stellung in einer Anmerkung hat gegenüber der unzweifelhaften Eigenschaft der in der Kabinettsordre vom 28. Januar 1868 enthaltenen Bestimmungen als einer gesetzlichen Vorschrift nicht angenommen werden können, daß es sich hierbei nicht lediglich um eine bloße Meinungsäußerung, die aus den gegebenen Normen ohne weiteres einen Schluß zu ziehen für gerechtfertigt hält, sondern um eine neue Gebotvorschrift handelt, die Befolgung fordert. Wäre letzteres beabsichtigt gewesen, so würde, da insofern eine Abänderung des Begriffes eines Briefes, wie solcher der Kabinettsordre vom 28. Januar 1868 zu entnehmen ist, in Frage käme, die betreffende Bestimmung voraussichtlich eine ihre autoritative Bedeutung klarer darlegende andere Fassung und Stellung gefunden haben. Unter diesen Umständen bedarf es keines Eingehens auf die Frage, ob diese Bestimmung auf einer Betätigung der in § 5 des Bundesgesetzes vom 5. Juni 1869 dem Bundespräsidium vorbehaltenen Befugnis, die nach diesem Gesetze gewährten Portovergünstigungen aufzuheben oder einzuschränken, beruhe, und welcher Einfluß in dieser Hinsicht der Vorschrift in § 50 des Reichsgesetzes über das Postwesen vom 28. Oktober 1871 zuzugestehen sein würde. Nicht unerwähnt möge jedoch bleiben, daß weder in dem Strafbescheide der Oberpostdirektion zu H., noch in der schriftlichen und mündlichen Revisionsbegründung auf jene Anmerkung Bezug genommen worden ist, was doch gewiß sehr nahe gelegen hätte, wenn der Anmerkung nach Ansicht der genannten Postverwaltungsbehörde die Bedeutung eines verbindlichen Gebotes beigelegt werden müßte.

Aus dem vorstehend Ausgeführten folgt von selbst, daß für die Anwendung der in dem Strafbescheide der Oberpostdirektion zu H. angezogenen Bestimmung in § 27 des Postgesetzes kein Raum ist; es liegt der Fall nicht vor, daß einer portofreien Sendung eine portopflichtige Sendung beigefügt worden ist. Die Revision mußte deshalb verworfen werden.

Erkenntnis des Landgerichtes in Hamburg vom 25. Juni 1887, betreffend die gesetzwidrige Beförderung von Briefen zwischen größeren Städten und deren Vororten.

(Archiv für Post und Telegraphie 1887, S. 705 ff.)

Der Einwohner C. in Hamburg hatte im Oktober 1886 einen mit der Aufschrift: »An den Zimmermeister S. in Hamburg-Eimsbüttel« versehenen, verschlossenen Brief gegen Bezahlung von 2 Pfg. durch die damals in Hamburg bestehende Privat-Briefbeförderung »Hammonia« verschickt. Da in dem Hamburgischen Vororte Eimsbüttel eine Postanstalt besteht, so eröffnete die Kaiserliche Oberpostdirektion in Hamburg dem C. als Versender, sowie den Inhabern der Hammonia, B. und K. als Beförderer des Briefes, mittels Strafverfügung, daß wegen Zuwiderhandlung gegen die Bestimmungen im § 1 des Postgesetzes eine Geldstrafe von je 3 Mark von ihnen verwirkt zu erachten sei. Die Angeschuldigten leisteten jedoch keine Zahlung, sondern trugen auf rechtliches Gehör an. Das gerichtliche Strafverfahren gegen K. mußte demnächst eingestellt werden, da sich derselbe von Hamburg entfernt hatte und nicht aufgefunden werden konnte; B. wurde freigesprochen, weil er nachzuweisen vermochte, daß er zur Zeit der Beförderung des fraglichen Briefes noch nicht Teilhaber der »Hammonia« gewesen war.

Seitens des Schöffengerichtes in Hamburg wurde C. freigesprochen, indem das Gericht annahm, daß Hamburg und der Vorort Eimsbüttel im Sinne des § 1 des Postgesetzes nicht als zwei verschiedene Orte mit Postanstalt, zwischen denen Briefe gegen Bezahlung ausschließlich durch die Post befördert werden dürfen, zu betrachten seien.

In der Berufungsinstanz wurde dagegen der Angeklagte unter Aufhebung des schöffengerichtlichen Erkenntnisses, durch Urteil des Landgerichtes in Hamburg vom 25. Juni 1887 wegen Übertretung der §§ 1 und 27 des Gesetzes über das Postwesen vom 28. Oktober 1871 zu einer Geldstrafe von 3 Mark verurteilt.

Gründe:

»Maßgebend für die Entscheidung ist, wie auch der Vorderrichter anerkennt, die Vorschrift des § 1 des Reichspostgesetzes, insbesondere, welcher Sinn den Worten »von Orten mit einer Postanstalt nach anderen Orten mit einer Postanstalt« beizulegen ist. Daß sowohl in Eimsbüttel als in Hamburg-St. Georg eine Postanstalt, d. h. eine Posteinrichtung, welche Briefe sammelt und verteilt, besteht, ist nicht bestritten worden (und es kann dabei die Frage, ob es sich um selbständige Postämter oder etwa nur um Einsammel- und Ausgabestellen einer Zentralstelle handelt, unberührt bleiben, denn immerhin sind es jedenfalls »Postämter« im Sinne des Postgesetzes); die Untersuchung konzentriert sich somit darauf, ob die Verschickung eines Briefes aus der Stadt Hamburg (von welcher die frühere Vorstadt St. Georg jetzt ein Teil ist) nach Eimsbüttel als eine Verschickung von einem Orte nach einem anderen Orte im Sinne des Postgesetzes anzusehen ist oder nicht.

Das angefochtene Urteil kommt auf Grund einer eingehenden Untersuchung zu dem Ergebnis, daß in politischer Hinsicht Eimsbüttel und Hamburg zwei verschiedene Orte seien, und dieser auf historische und rechtliche Argumente gegründeten Deduktion ist durchaus zuzustimmen. Die sogenannten Vororte, zu welchen Eimsbüttel gehört, sind von der Stadt Hamburg (d. h. von dem früheren Wall und Stadtgraben und der Elbe eingeschlossenen Bezirk, jetzt zuzüglich St. Georg) und der Vorstadt St. Pauli verschiedene Gemeinden, trotz mancher jetzt gemeinsamen kommunalen Institutionen, und diese Scheidung ist bisher durch keinen Akt der Hamburgischen Gesetzgebung völlig aufgehoben worden; sie muß aber, solange dies nicht geschehen, als zu Recht bestehend angesehen werden. Es werden vielmehr, wie auch der Vorderrichter ausführt und belegt, die in Rede stehenden Teile des Hamburgischen Staatsgebietes unter der Bezeichnung »Vororte« im Hamburgischen Staatsrecht und in der Hamburgischen Gesetzgebung als von der Stadt Hamburg verschiedene Teile des Landgebietes behandelt. Namentlich zeigt dies Artikel 97 und 98 (früher Artikel 114) der Hamburgischen Verfassung von 1871, welche deutlich zwischen der Stadt Hamburg, der Vorstadt St. Pauli, denjenigen Teilen des Landgebietes, auf welche die Landgemeindeordnung keine Anwendung findet«, und den Landgemeinden unterscheidet. Die Bestimmung über die Abgrenzung der politischen Gemeinden des einzelnen Bundesstaates ist Sache der Gesetzgebung des Einzelstaates.

An diesem staatsrechtlichen Verhältnis jedes Vorortes zur Stadt ändert auch der Umstand nichts, daß manche, ja recht viele kommunale Einrichtungen und Institute mit denen der Stadt vereinigt sind, z. B. der Polizei, des Schulwesens, der Feuerkasse usw.

Wenn aber der erste Richter des weiteren ausführt, daß auch in postalisch-administrativer Beziehung die Stadt und die Vororte ein Ganzes seien, und daß namentlich die Reichspostverwaltung selbst eine solche Einheit in ihren Erlassen und Bekanntmachungen geradezu anerkannt habe, so kann dem nicht beigepflichtet werden. Was in dieser Beziehung angeführt ist, um darzutun, daß schon durch die Hamburgische Gesetzgebung die allgemeine Scheidung der Stadt und der Vororte aufgehoben sei, wird zu einem strikten Beweise nicht genügen können. Die historischen Ausführungen erscheinen auch hier richtig; namentlich auch, daß durch die Bekanntmachung des Stadtpostamtes vom 28. Dezember 1864, betreffend Einrichtung des Briefkastenverkehrs, die Institution der »Lokalbriefe« für einen Teil des Gebietes, der im wesentlichen die Stadt, die Vorstädte und die heutigen Vororte umfaßte, eingeführt ist. Dieser Begriff ist zwar nicht definiert, bedeutet aber anscheinend einen Brief, welcher innerhalb des vorerwähnten Bezirkes aufgegeben und ausgebracht wird; das Porto für solchen Brief betrug ½ Schilling.

Nach der Übernahme des gesamten norddeutschen und auch des Hamburgischen Postwesens durch die Post des Norddeutschen Bundes heißt es in der Bekanntmachung der Deputation für Post- und Telegraphenwesen vom 28. Dezember 1867: »Hinsichtlich der Gebühr für die Stadtbriefe behält es bei den bisherigen Bestimmungen sein Bewenden. Der Verkauf norddeutscher Freimarken und der für Stadtbriefe in Hamburg bestimmten Marken zu 1½ Schilling beginnt usw.« — Der Vorderrichter will namentlich aus dieser letzten Bekanntmachung in Verbindung mit einer Bekanntmachung der Oberpostdirektion in Hamburg vom 12. Dezember 1871, der Postordnung vom 18. Dezember 1874 und einer Bekanntmachung der Oberpostdirektion vom 24. Dezember 1874 folgern, daß der

Rayon der früheren Stadtpostbriefe (»Lokalbriefe«) sich mit dem jetzigen »Ortsbestellbezirk Hamburg« decke, und daß somit von der Hamburgischen wie von der Bundes- (bzw. Reichs-) Gesetzgebung der fragliche Rayon zu einem Orte in postalischem Sinne vereinigt sei. Allein eine diesbezügliche klare gesetzliche Bestimmung findet sich nirgends. Der Schluß des Urteiles a quo ist aus Bestimmungen gezogen, welche sich lediglich in administrativen Maßregeln von Verwaltungsbehörden finden, die zunächst einen ganz anderen Zweck (Tarifbestimmungen) im Auge haben. Allerdings fällt es auf, daß nach der Bekanntmachung der Kaiserlichen Oberpostdirektion in Hamburg vom 24. Dezember 1874 die Portosätze für »Stadtpostbriefe« (also Briefe innerhalb der Stadt, der Vorstadt und der Vororte) nach den Gebührensätzen festgestellt sind, welche nach der Postordnung von 1874 bezw. 1879 (§ 32, Abs. X) für »Briefe an Einwohner im Orts- oder Landbestellbezirk des Aufgabepostortes« normiert sind, desgleichen auch das Bestellgeld für Postpakete im genannten Bezirk auf 15 Pfennig, den Satz, welcher nach § 32 Abs. III für die Bestellung im Ortsbestellbezirk erhoben wird (und zwar nach den »Ausführungsbestimmungen« in Hamburg als »einem größeren Ort«), somit die Stadt Hamburg, St. Pauli und die Vororte zusammen als zu einer Postanstalt gehörig und als ein Ortsbestellbezirk behandelt sind — welcher Begriff (Ortsbestellbezirk) in den Ausführungsbestimmungen zu § 33 der Postordnung mit dem Begriff »Ort« geradezu identifiziert wird —, sowie auch, daß die Postverwaltung selbst die Postämter in St. Pauli und den Vororten als »Postämter in Hamburg« bezeichnet, davon aber die »Postämter im Hamburger Gebiet« unterscheidet und erstere geradezu »Stadtpostanstalten« nennt (vgl. den Hamburgischen Staatskalender und das Staatshandbuch für das Deutsche Reich 1887), während dieselbe jetzt die Ansicht vertritt, daß Hamburg und die Vororte verschiedene Orte, je mit einer Postanstalt versehen, seien. Allein es kann ganz dahingestellt bleiben, wie diese anscheinende Diskrepanz zu erklären ist — ob, wie es scheint, durch die historische Entwicklung des Hamburgischen Postwesens, oder wie sonst —, denn alle diese Bestimmungen und Anordnungen sind nur Verwaltungsmaßregeln von Verwaltungsbehörden innerhalb ihrer Kompetenz, welche gesetzlich feststehende Institutionen und Gesetzesbestimmungen der Bundesstaaten oder des Reiches nicht derogieren können. Daß die Scheidung der Vororte von der

Stadt auf Hamburgischem Landrecht beruht, ist oben schon ausgeführt; es kommen aber des weiteren hier auch Gesetze des Reiches, nämlich § 1 des Postgesetzes und Artikel 52 der Reichsfassung in Betracht. Mit Recht ist bei der Ausführung der Berufung hervorgehoben, daß, wenn der Postverwaltung zustände, bisher verschiedene Orte zu einem einzigen zu vereinigen, dies ein Aufhören des Postzwanges zwischen den bisherigen Orten zur Folge haben würde, also einen teilweisen Verzicht auf das Postregal des Reiches involviere. Einen solchen Verzicht auszusprechen, steht aber einer Verwaltungsbehörde nicht zu; daher irrt der Vorderrichter, wenn er annimmt, die Postverwaltung oder andere Verwaltungsbehörden könnten durch ihre Administrationsmaßregeln irgend etwas schaffen, dessen notwendige rechtliche Folge der erwähnte Verzicht wäre.

Ist also die Verschiedenheit der Orte Hamburg und Eimsbüttel (bzw. der übrigen Vororte) bisher nicht aufgehoben, besteht sie also noch zu Recht, so hat der Angeklagte einen Brief von einem Orte mit Postanstalt nach einem anderen Orte mit Postanstalt gegen Bezahlung, und zwar auf andere Weise als durch die Post verschickt. Er hat sich demnach der Übertretung der §§ 1 und 27 des Gesetzes über das Postwesen des Deutschen Reiches vom 28. Oktober 1871 schuldig gemacht.«

Erkenntnis des Königlichen Landgerichtes in Berlin vom 21. November 1890, betreffend den Begriff „Ort“ im Sinne des § 1 des Postgesetzes.

(Archiv für Post und Telegraphie 1891, S. 499 ff.)

In den Monaten Januar, Februar und März 1890 wurden der Aktiengesellschaft N. in Berlin, welche sich u. a. mit der Bestellung von Stadtbriefen befaßt, sechs verschlossene Briefe überliefert, deren Bestimmungsort mit Berlin, Maybachufer 13 und Maybachufer 4, Maaßenstraße 17 und Maaßenstr. 25 angegeben war. Die bezeichneten Häuser gehören aber nicht zur Stadt Berlin, sondern zu den selbständigen Gemeinden Rixdorf und Schöneberg. In beiden Orten befindet sich eine Postanstalt. Die Boten der Gesellschaft N. führten die Bestellung der sechs Briefe tatsächlich aus.

Die Kaiserliche Oberpostdirektion in Berlin erhielt Kenntnis hiervon und leitete infolgedessen gegen die Absender der Briefe und gegen das für den technischen Betrieb verantwortliche Vorstandsmitglied der Aktiengesellschaft N., Namens X., das Strafverfahren wegen Portohinterziehung ein. X. trug auf richterliche Entscheidung an und führte in der ersten Instanz zu seiner Verteidigung an: »Zu einem Orte im Sinne des Postgesetzes gehören alle diejenigen Wohnstätten, welche durch Anordnung der zuständigen Postbehörde von einer Postanstalt ressortieren. Alle diese Wohnstätten bilden einen »Ort mit einer Postanstalt« im Gegensatz zu anderen Wohnstätten, welche zu einer anderen Postanstalt gehören und den »anderen Ort mit einer Postanstalt« bilden.«

Das zuständige Kgl. Schöffengericht in Berlin entschied, daß das Strafverfahren wegen eingetretener Verjährung der Strafverfolgung einzustellen wäre. Es unterstützte diese Entscheidung im wesentlichen mit folgenden Gründen:

Das Postgesetz vom 28. Oktober 1871 enthält keine besonderen Bestimmungen über die Verjährung, mithin greifen die allgemeinen Bestimmungen Platz. Der § 7 des Einführungsgesetzes zum Strafgesetzbuch bezieht sich nur auf die Vorschriften über die »Entrichtung der Postgefälle«, kann daher auf den vorliegenden Fall keine Anwendung finden; denn um die Entrichtung von Postgefällen handelt es sich hier nicht, da der Angeklagte weder der Absender noch der Empfänger der betreffenden Briefe gewesen ist, andererseits aber nur diese beiden Kategorien von Personen zur Entrichtung der Gefälle verpflichtet sind. Dem Angeklagten wird vielmehr eine spezielle, im Postgesetze als solche aufgeführte Übertretung, nämlich die Beförderung von Briefen auf andere Weise als durch die Post, zur Last gelegt. Es kann aber nicht angenommen werden, daß die Bestimmungen des § 7 des Einführungsgesetzes sich auf sämtliche Zuwiderhandlungen gegen das Postgesetz beziehen sollen; denn das letztere enthält eine ganze Reihe von Bestimmungen, die mit der Entrichtung der Gefälle nichts zu tun haben. Wenn aber sonach der § 7 auf den vorliegenden Fall nicht anwendbar ist, so bleibt nur die allgemeine dreimonatliche Verjährung des Strafgesetzbuches für Übertretungen übrig (§ 67). Eine solche liegt aber vor. Da die Straftaten vom Januar bis März begangen sein sollen, so war mit Ablauf des Juni die Verjährung eingetreten, wenn dieselbe nicht unterbrochen war. Die Unterbrechung erfolgt aber nur durch eine richterliche Verfügung oder durch einen Strafbescheid der Verwaltungsbehörde. Beides ist hier nicht ergangen. Das Verfahren war daher einzustellen.

Gegen dieses Erkenntnis legte die Staatsanwaltschaft die Berufung ein. Der Angeklagte verteidigte sich in der zweiten Instanz noch durch die neue Ausführung, daß nicht er, sondern, wenn jemand überhaupt, diejenigen noch zu ermittelnden Beamten der Gesellschaft N. strafbar wären, welche die Briefe zur Beförderung angenommen hätten. Hieraus erging von dem Kgl. Landgericht I in Berlin unterm 21. November 1890 nachstehendes, den Angeklagten verurteilendes Erkenntnis:

»Die Aktiengesellschaft N. hierselbst betreibt den Transport von Gegenständen aller Art, insbesondere auch von Briefen. Zu den Organen derselben gehört der Vorstand, welcher zurzeit aus zwei Mitgliedern besteht; das eine dieser Mitglieder ist schon seit der Zeit vom Januar 1890 der Angeklagte gewesen, welcher hauptsächlich den technischen Verwaltungsbetrieb leitet, während das andere Mitglied die kaufmännischen Geschäfte besorgt. Hinsichtlich der Briefbeförderung hat die gedachte Gesellschaft in dem für das Publikum und ihre Beamten veröffentlichten Tarif die ausdrückliche Anordnung getroffen, daß Briefe nur innerhalb des Stadtbezirkes Berlin mit Ausschluß der Vororte zur Beförderung gelangen. Innerhalb der Verwaltung und speziell seitens des Angeklagten wurde schon vor dem Januar 1890 die Frage zur Sprache gebracht, ob zu den Vororten im Sinne jenes Tarifs auch diejenigen Straßengebiete zu rechnen seien, welche zwar außerhalb des Weichbildes Berlins im örtlichen Gebiete eines der Vororte belegen, aber von der Kaiserlichen Oberpostdirektion zu Berlin einem der Stadtpostämter Berlins zugewiesen sind und deshalb postalisch zu Berlin gerechnet werden. Der Angeklagte verneinte diese Frage und erklärte die Beförderung solcher Briefe durch die Beamten der Gesellschaft ausdrücklich für zulässig, erteilte auch keinerlei gegenteilige Instruktion, obschon ihm bekannt war, daß bei dem großen Umfange jener Straßengebiete täglich durch die Gesellschaftsbeamten eine große Zahl von Briefen nach jenen Gebieten bestellt wurden. In dieser Weise sind auch im Januar, Februar und März 1890 die in den Akten näher bezeichneten sechs Briefe, und zwar zwei nach der Maaßenstraße Nr. 17 und 25 und vier nach dem Maybachufer Nr. 4 und 13 von den Beamten der

Gesellschaft abgefertigt, befördert und bestellt worden. Alle diese Briefe waren bei der Einlieferung an das Gesellschaftsbureau verschlossen, übrigens bei einer in Berlin belegenen Annahmestelle eingeliefert und von Berlin aus zur Weiterbeförderung und Bestellung gelangt, und zwar gegen Erlegung des tarifmäßigen Portos von 3 Pfg. für jeden Brief. Die Häuser Nr. 17 und 25 in der Maaßenstraße liegen innerhalb des Gemeindebezirkes von Schöneberg, die Häuser Maybachufer Nr. 4 und 13 innerhalb des Gemeindebezirkes von Rixdorf. Sowohl in Schöneberg wie in Rixdorf befinden sich, wie dem Angeklagten bekannt war, selbständige, zur Oberpostdirektion Berlin gehörige Postanstalten, welche die Annahme, Beförderung und Bestellung aller Postsachen besorgen; die Maaßenstraße Nr. 10 bis 25 ist aber einem in der Bülowstraße Nr. 33 zu Berlin und das Maybachufer einem an der Grimmstraße Nr. 35 zu Berlin belegenen Stadtpostamte von der Kaiserlichen Oberpostdirektion zugewiesen, so daß die Häuser postalisch zu Berlin W. bzw. Berlin S. gerechnet werden. Nach dem Posttarif würde ein jeder dieser Briefe im Falle der Frankierung 10 Pfg., unfrankiert 20 Pfg. Porto gekostet haben und der Zweck, welchen die gedachte Gesellschaft bei der Briefbeförderung verfolgt, besteht gerade darin, das Publikum durch einen billigeren Portotarif zur Benutzung dieses Gesellschaftsinstitutes zu veranlassen und von dem Gebrauch der Postanstalten abzuziehen.

Auf Grund dieses Sachverhältnisses mußte eine Übertretung des § 27 Nr. 1 des Postgesetzes vom 28. Oktober 1871 für vorliegend erachtet und tatsächlich festgestellt werden:

> daß der Angeklagte in der Zeit vom Januar bis März 1890 zu Berlin durch sechs selbständige Handlungen verschlossene Briefe von einem Orte, an welchem sich eine Postanstalt befindet, nach einem anderen, mit einer solchen versehenen Orte entgeltlich auf andere Art als durch die Post befördert hat.

Da die Straßengebiete, nach welchen die Briefe adressiert waren, außerhalb des Weichbildes Berlins innerhalb des Gemeindeterritoriums von Rixdorf und Schöneberg belegen, in beiden Ortschaften aber besondere Postanstalten etabliert sind, welche die Annahme, Beförderung und Bestellung von Briefen übernehmen, so sind alle sechs Briefe von Berlin, also einem Orte, wo sich eine Postanstalt befindet, nach anderen Orten mit einer solchen befördert worden. Darauf, daß die Post selbst die Briefe, wenn sie hier in Berlin aufgeliefert worden wären, nicht an die Postanstalten zu Rixdorf oder Schöneberg befördert, sondern durch Berliner Stadtpostämter, zu deren Bezirk jene Straßen postalisch gehören, zur Bestellung gebracht hätte, kommt es für jenen Tatbestand nicht an. Denn diese lediglich zur Bequemlichkeit des Postdienstes dienende Abzweigung jener Straßen von dem Bezirke der in den Vororten eingerichteten besonderen Postanstalten ändert nichts an der örtlichen Zugehörigkeit jener Straßen zu den politischen und geographischen Gebieten dieser Vororte, und die Übertretung des § 27 a. a. O. hat nicht zur notwendigen Voraussetzung, daß die Post selbst nach ihrer Einrichtung die betreffenden Briefe gerade an die in dem Adressatorte befindliche Postanstalt befördert und durch diese an die Adressaten bestellt hätte. Daß der Angeklagte gerade in letzterer Beziehung, also hinsichtlich der Frage, ob jene Straßen als »andere Orte« im Sinne des Gesetzes trotz ihrer dem Angeklagten bekannten geographischen Zugehörigkeit zu jenen Vororten anzusehen seien, von der entgegengesetzten verneinenden Annahme ausgegangen ist, kann ihn nicht straflos machen, da er sich insofern lediglich in einem Irrtume über die Bedeutung des Strafgesetzes selbst befunden hat, also § 59 des Strafgesetzbuches nicht Platz greift. Was aber seine subjektive Verantwortlichkeit im übrigen anlangt, so folgt dieselbe daraus, daß der Angeklagte bewußt die Beförderung jener Briefe von Berlin nach den anderen Orten durch die Beamten der Gesellschaft zugelassen hat, obschon er wußte, daß dadurch der Post das ihr für die ihr gesetzlich vorbehaltene Beförderung zustehende Porto entzogen wurde; ja der Angeklagte hat sogar, wie erwiesen, jede gegen eine solche Beförderung gerichtete Instruktion an die Gesellschaftsbeamten absichtlich unterlassen, um das Publikum auch für die nach jenen außerhalb Berlins gelegenen Straßen bestimmten Briefe zur Benutzung der Gesellschaft zu veranlassen und der Post die entsprechenden Portobeträge zu entziehen.

Was endlich die vom Vorrichter für durchgreifend erachtete Verjährung anlangt, so kann dieselbe nicht für vorliegend erachtet werden. Nach den §§ 1 und 2 des Postgesetzes sind gewisse entgeltliche Beförderungen von Ort zu Ort dem Postfiskus als alleiniges Privilegium vorbehalten, und jede auf andere Art als durch die Post vermittelte Beförderung verboten. Das für jeden Fall derartiger Beförderung zu entrichtende Porto ist nicht eigentlich Äquivalent für diese Beförderung, sondern eine Abgabe, welche zugunsten des Fiskus fällig ist, sobald tatsächlich eine solche dem Postfiskus vorenthaltene Beförderung, wenn auch auf andere Art als durch die Post, stattgehabt hat. Wer also eine solche Beförderung, ohne jene Portoabgabe zu entrichten, auf andere Art als durch die Post vornimmt, begeht eine Abgabenhinterziehung. Das Porto gehört also recht eigentlich zu den »Postgefällen« im Sinne des § 7 des Einführungsgesetzes zum Strafgesetzbuche, und in § 6 des Gesetzes über das Posttaxwesen vom 28. Oktober 1871 wird das Porto auch ausdrücklich als »Postgefälle« bezeichnet. Demgemäß verjähren derartige Portohinterziehungen erst binnen drei Jahren.

Der Angeklagte war daher aus § 27 Nr. 1 a. a. O. zu bestrafen.

Erkenntnis des Reichsgerichtes vom 19. April 1894 über den Begriff „Ursprungsort einer Zeitung“.

(Archiv für Post und Telegraphie 1894, S. 624 ff.)

I. Der frühere Redakteur G. und dessen Ehefrau waren wegen Portohinterziehung beim Schöffengericht zu E. angeklagt, aber insoweit es sich um Versendung politischer Zeitungen von E. nach Cr. und Cl. handelte, freigesprochen worden. Auf Berufung des Staatsanwaltes wurden sie auch von der Strafkammer des Königlichen Landgerichtes in E. freigesprochen. Hiergegen legte der Staatsanwalt Revision ein mit dem Antrag auf Entscheidung des Reichsgerichtes gemäß § 136 Abs. 2 des Gerichtsverfassungsgesetzes.

Dem Urteile liegt, soweit es für die Revision in Frage kommt, folgender Tatbestand zugrunde:

In Cr. erschien in den Jahren 1890 und 1891 im Verlage eines gewissen N., dann des Spezereihändlers O. wöchentlich zweimal die politische Zeitung »Volkstribüne« und in Cl. in denselben Jahren im Verlage des Buchdruckers R. gleichfalls wöchentlich zweimal die politische Zeitung »Arbeiterzeitung«. Beide Zeitungen wurden in einer Druckerei zu E. gedruckt, deren Inhaberin die Ehefrau, der Leiter der Ehemann G. war. Von dort wurden die gedruckten Exemplare mit der Eisenbahn nach den betreffenden Verlagsorten geschickt, wo »deren Ausgabe« erfolgte.

Wegen der Versendung von E. an die Verleger in Cr. und Cl. erfolgte die Freisprechung in der ersten Instanz, weil angenommen wurde, eine Portohinterziehung liege nur dann vor, wenn die Zeitung nach einem anderen als dem Verlagsorte geschickt worden wäre, in der zweiten Instanz, weil unter der Beförderung von Zeitungen politischen Inhaltes, die gemäß § 1 des Postgesetzes dem Postzwange unterliegt, nur die Übermittlung der Zeitungsexemplare an die Bezieher oder sonstigen Abnehmer der Zeitung zu verstehen sei, da erst mit diesem Zeitpunkt das Druckwerk die Eigenschaft einer »politischen Zeitung« erhalte.

Das Reichsgericht hat die Revision der Staatsanwaltschaft verworfen und sich über den Begriff des »Ursprungsortes« einer Zeitung folgendermaßen ausgesprochen:

»Die gedruckten Bogen einer Zeitung sind strafrechtlich und im Sinne des Postgesetzes noch nicht den Bestimmungen über die Beförderung von Zeitungen unterworfen, bevor sie der Verleger zum Zwecke der Verbreitung entläßt. Auch im Preßgesetz treten sämtliche Strafbestimmungen hinsichtlich der periodischen Druckschriften erst von dem Augenblick ihres »Erscheinens« in Wirksamkeit, worunter nichts anderes verstanden werden kann als das Heraustreten aus dem Dunkel der Herstellungsstätten: Redaktion, Druckerei und Expedition in die Welt, auf den direkten oder durch Zwischenpersonen vermittelten Weg zu den Lesern. Dieses Erscheinen gehört zum Wesen einer Zeitung; der Weg vom Redakteur zum Drucker und von diesem zum Verleger ist unwesentlich, da alle drei Geschäfte in einer Person vereinigt sein können. Mit Recht weist darum die vorige Instanz auch auf § 9 des Preßgesetzes hin, wonach die Pflicht zur Ablieferung eines Exemplars an die Polizeibehörde nicht an die Fertigstellung im Druck, sondern an den Zeitpunkt der Austeilung oder Versendung — das ist des Erscheinens — geknüpft ist.

Daß auch die Pflicht der ausschließlichen Benutzung der Post für die Versendung politischer Zeitungen erst mit diesem Zeitpunkt einsetzt, ergibt sich aus der Entstehungsgeschichte des § 1 des Postgesetzes. Schon der allgemeine, in ihm wie in seinen Vorgängern (vgl. den Bericht über den Entwurf von 1867 in den Verhandlungen des Bundesrates des Norddeutschen Bundes, Session 1867, Nr. 23, S. 4 und 5) sich kundgebende Zug nach möglichst weitgehender Befreiung des Verkehrs von den Fesseln des

Monopols, die der ganze Personen-, Paket-, Geld-, Postanweisungs-, Kreuzband- und Postkartenverkehr bereits abgestreift hat, so daß nur noch verschlossene Briefe und politische Zeitungen dem Postzwange unterliegen, nötigt zu der Annahme, daß er auch in diesen beiden Richtungen nicht weiter aufrecht erhalten bleiben sollte, als es aus praktischen Erwägungen notwendig erschien. Das Postregal als solches wird von dem Umfange des Postzwanges nicht berührt, wie schon die bisherigen Wandlungen des letzteren beweisen. Während das Briefmonopol, das der preußische Bundesbevollmächtigte im Reichstag die Rückenwirbelsäule des ganzen Postwesens nannte, als notwendige finanzielle Grundlage des Postbetriebs anerkannt wurde, ist das Zeitungsmonopol in den Motiven zum Entwurf des Gesetzes (Sten. Berichte des Reichstages 1871, Bd. 3, S. 200) als Korrelat zu den Lasten der Debitierung für nötig erklärt. Dies fand zwar lebhaften Widerspruch (ebenda Bd. 2, S. 681, 733 a. a. O.), blieb aber ausschlaggebend, und es wurde insbesondere von den Vertretern der verbündeten Regierungen einerseits die Größe der mannigfaltigen Aufgaben der Debitierung bei äußerster Billigkeit (Bd. I, S. 662 ff.), andererseits die Gefahr hervorgehoben, daß bei Mangel des Postzwanges die Privatindustrie die einträglichen Routen für ihre Interessen ausnutzen und die anderen, die keinen Ertrag gewähren, der Postanstalt überlassen werde (Bd. I, S. 666).

Dieser Zusammenhang des Postdebits mit dem Postzwange fand seinen schärfsten Ausdruck in der Erklärung des Bundesratsbevollmächtigten, Generalpostdirektor Stephan: Die Auffassung der verbündeten Regierungen sei nach wie vor die, daß ein enger Zusammenhang bestehe zwischen dem Postabonnement und dem Postzwange für politische Zeitungen, und in der Äußerung eines Gegners des Postzwanges, der diesen mit einer zwischen Verleger und Abonnenten gestellten chinesischen Mauer verglich (Bd. 2, S. 733 ff.).

Auch die vom Reichstag beschlossene weitere Einschränkung des Postzwanges auf politische Zeitungen, die öfter als einmal wöchentlich erscheinen, und auf Versendungen, die über den zweimeiligen Umkreis des Ursprungsortes hinausgehen, wurde begründet einerseits mit der Schwierigkeit der Beförderung der großen Wochenausgaben gewisser Zeitungen an ihre Abonnenten durch die Post, und der zweckmäßigen Organisation des buchhändlerischen Vertriebes, andererseits mit den Interessen der Leser an schnellerer

Verbreitung durch Freigabe jeder Art von Beförderung wenigstens innerhalb jenes Umkreises (ebenda Bd. 2, S. 732).

Endlich weist die Verbindung des Postzwanges mit dem »Ursprungsort« in § 1, Abs. 1 des Postgesetzes auf dessen Eintritt erst vom obenerwähnten Zeitpunkt hin. Denn unter dem Ursprungsorte kann nicht der Druckort verstanden werden, da auch nach Fertigstellung des Druckes doch erst der Wille des Verlegers darüber entscheidet, ob die Schrift »erscheinen« soll, wie der Fluß seinen Ursprungsort nicht dort hat, wo sich die Quelle im Innern der Erde sammelt, sondern wo sie zutage tritt. Ursprungsort der Zeitung ist also der Ort, an dem die Zeitung herausgegeben wird (Dambach, Gesetz über das Postwesen des Deutschen Reichs, S. 20, Ziff. 29).

Nach alledem und nachdem in sämtlichen Verhandlungen des Reichstages nirgends eine Andeutung zu finden ist, daß auch an den Verkehr zwischen Drucker und Verleger gedacht worden sei, ist man berechtigt und genötigt, das Verbot der Beförderung politischer Zeitungen auf anderem Wege als durch die Post nur auf die Beförderung zu beziehen, deren Entgang den Ertrag des Postdebits beeinträchtigen würde. Der Postdebit (Zeitungsvertrieb) hat es aber nur mit dem Verleger und den Abonnenten zu tun (vgl. Dambach, S. 31, Ziff. 5) und besteht, was die Beförderung betrifft, in der Entgegennahme der Zeitung zur Verteilung und den darauf bezüglichen weiteren Verrichtungen (vgl. die Darlegung des Generalpostdirektors Stephan in den Verhandlungen des Reichstages, Bd. 2, S. 662 ff. und 682).

Der Wortlaut des § 1 des Postgesetzes entspricht dieser Auffassung, da hier der Postzwang ausdrücklich nur auf diejenigen Zeitungen beschränkt ist, welche öfter als einmal wöchentlich erscheinen und die Bestimmung des § 2 des Postgesetzes, und was dazu bei den Reichstagsverhandlungen geäußert worden ist, stimmt damit überein (vgl. Entscheidung des Reichsgerichtes, Bd. 19, S. 108, Bd. 22, S. 360, Bd. 24, S. 252).

Die Beförderung der beiden Zeitungen von E. nach Cr. und Cl. mit der Bahn geschah also nicht den Vorschriften des § 1 des Postgesetzes zuwider, und es war der Tatbestand des § 27 daselbst nicht gegeben. Daß dem Drucker die Befugnis eingeräumt war, nach eigenem Gutbefinden Artikel aus anderen Zeitungen beizufügen, wenn der von der Redaktion bestimmte Inhalt die Spalten des Blattes nicht füllte, mag diesen Angeklagten als Mitarbeiter bei der Redaktion erscheinen lassen, hat aber so wenig Einfluß auf den Ursprungsort der Zeitung als etwa der Wohnsitz des Redakteurs. Eine maßgebende Bedeutung kann diesem Umstande schon deshalb nicht beigemessen werden, weil eine derartige redaktionelle Tätigkeit des Druckers vor dem Zeitpunkte des Erscheinens der Zeitung liegt, und weil Sendungen des Redakteurs an den Verleger ebenso wie die des Druckers an den letzteren zum internen Verkehr während der Zeit der Herstellung des Blattes gehören und nicht zum Zwecke der Verbreitung desselben erfolgen.«

II. Mit der Verhandlung gegen G. in zweiter Instanz verband die Strafkammer die Hauptverhandlung in erster Instanz gegen Johann R. wegen der Anklage, die unter I genannten Eheleute und zwei weitere Personen zu einer Portohinterziehung durch Übersendung der »Arbeiterzeitung« von E. nach M. durch die Eisenbahn angestiftet zu haben. Die Mitangeklagten sind freigesprochen worden, weil das Gericht sich nicht überzeugte, daß sie Kenntnis von dieser Versendung hatten; R. ist aber infolge dieser Anklage nicht als Anstifter, sondern als Täter verurteilt worden. Hiergegen hatte R. die Revision eingelegt, weil M. im zweimeiligen Umkreis von Cl. liege und Cl. der Ursprungsort der genannten Zeitung sei. Auch diese Revision ist vom Reichsgericht für unbegründet erachtet worden; in den Entscheidungsgründen heißt es:

»R. war der Verleger der »Arbeiterzeitung«. Auf seine Anordnung hin wurden die für die Abonnenten in M. bestimmten Exemplare durch einen Expedienten der Druckerei des G. unmittelbar von der Druckerei weg nach M. mit der Bahn versandt, damit jene Abonnenten die Zeitungen früher bekämen als von Cl. aus mit der Post. Hier handelte es sich um eine offenbare Entziehung solcher Erträgnisse der Post, die ihr gemäß § 1 des Postgesetzes für den Vertrieb der politischen Zeitung gewährleistet sind.

Der Ursprungsort der genannten Zeitung im ganzen war allerdings Cl., und wenn von hier aus die Versendung nach M. den zweimeiligen Umkreis von Cl. nicht überschritt, so konnte sie von Cl. aus auf jede beliebige Weise geschehen. Aber wenn der Verleger einen Teil der Auflage von einem anderen Ort aus in den Verkehr entläßt als von seinem Verlagssitze, so gibt er diesem

Teil einen anderen Ursprungsort. Im gegebenen Falle war nicht Cl. sondern E. der Ursprungsort der nach M. versendeten Exemplare -- nicht weil sie in E. gedruckt worden sind, sondern weil der Verleger sie dort herausgegeben hat. Denn was der Expedient auf dessen Anordnung getan, ist als eigene Tat zu betrachten. Da nun feststeht, daß M. von E. mehr als zwei Meilen entfernt ist, und an beiden Orten Postanstalten bestehen, so war die Verurteilung in Anwendung der §§ 1 und 27 des Postgesetzes gerechtfertigt und die Revision zu verwerfen.«

Erkenntnis des Reichsgerichtes vom 2. Juli 1888, betreffend den Begriff „Beförderung“ im Sinne des § 1 des Reichspostgesetzes.

(Archiv für Post und Telegraphie 1888, S. 513 ff.)

Im Jahre 1887 ging ein Teil der für die Beförderung von Stadtbriefsendungen bestehenden Privatunternehmungen dazu über, auch zwischen größeren Postorten verschlossene Briefe dritter Personen gegen Bezahlung zu befördern. Die bezeichneten Anstalten sammelten zu diesem Zwecke von den Absendern die Briefe ein, vereinigten dieselben zu einer gemeinsamen Sendung (Brief oder Paket), verschickten die letztere durch die Post nach dem Bestimmungsorte und ließen daselbst die Briefe im Wege der Privatbestellung an die Empfänger austragen. Hierbei glaubten die Privatunternehmer gegen die Bestimmungen im § 1 des Postgesetzes vom 28. Oktober 1871 über den Postzwang nicht zu verstoßen, indem sie die betreffenden Vorschriften folgendermaßen auslegten: Der § 1 des Postgesetzes verbiete nach seinem Wortlaut hinsichtlich der verschlossenen Briefe den Privatunternehmungen nur die Beförderung von Orten mit einer Postanstalt nach anderen Orten mit einer Postanstalt; damit sei im Bezirke der einzelnen Postorte die Beförderung aller Briefe, also auch der verschlossenen Briefe nach und aus anderen Postorten, völlig freigegeben. Ein verschlossener Brief aus einem Ort mit einer Postanstalt nach einem anderen Ort mit einer Postanstalt unterliege daher, so lange er sich im Bezirke der Aufgabe bzw. der Bestimmungspostanstalt bewege, dem Postzwange nicht.

Die Reichspostverwaltung erachtete aber das geschilderte Verfahren der Privat-Briefbeförderungsanstalten, da durch dasselbe eine

Nebenpost ins Leben gerufen wurde, für unvereinbar mit dem Sinn und dem Wortlaut sowohl der Reichsverfassung als des Postgesetzes. Demgemäß wurde gegen die Absender und Beförderer der Briefe das Strafverfahren wegen Portohinterziehung eingeleitet.

Zu denjenigen Personen, gegen welche seitens der Reichspostverwaltung wegen derartiger Portohinterziehungen vorgegangen wurde, gehörte auch der Inhaber der Privat-Briefbeförderungsanstalt in E., Namens K. Die Geldstrafe, welche durch Strafverfügung der Kaiserlichen Oberpostdirektion in D. gegen K. festgesetzt wurde, zahlte derselbe nicht; infolgedessen verwies die Oberpostdirektion die betreffende Sache zum gerichtlichen Verfahren. Durch das Schöffengericht in E. wurde K. für schuldig befunden und verurteilt. Das Landgericht in E. jedoch, bei welchem K. Berufung eingelegt hatte, sprach denselben von der ihm zur Last gelegten Portohinterziehung frei. Hiergegen ergriff die Reichspostverwaltung das Rechtsmittel der Revision und beantragte gleichzeitig, mit Rücksicht auf die grundsätzliche Wichtigkeit der Angelegenheit, auf Grund des letzten Absatzes des § 136 des Gerichtsverfassungsgesetzes vom 27. Januar 1877 eine Entscheidung des Reichsgerichtes. Dieselbe ist unterm 2. Juli 1888 ergangen und entspricht vollständig der Auffassung der Postverwaltung; das Reichsgericht hat den K. der Portohinterziehung, begangen durch unerlaubte Briefbeförderung, für schuldig befunden und die bezügliche Strafsache zur anderweiten Verhandlung und Entscheidung an die Strafkammer in E. zurückverwiesen. Die Entscheidungsgründe des reichsgerichtlichen Urteiles lauten, soweit dieselben hier in Betracht kommen, wie folgt:

»Nach § 1 des Reichsgesetzes vom 28. Oktober 1871, betreffend das Postwesen des Deutschen Reiches, ist die Beförderung aller versiegelten, zugenähten oder sonst verschlossenen Briefe gegen Bezahlung von Orten mit einer Postanstalt nach anderen Orten mit einer Postanstalt des In- und Auslandes auf andere Weise, als durch die Post verboten, und nach § 27 desselben Gesetzes wird mit dem vierfachen Betrage des defraudierten Portos, jedoch niemals unter einer Geldstrafe von einem Taler bestraft: I. wer Briefe . . . . den Bestimmungen der §§ 1 und 2 zuwider auf andere Weise als durch die Post gegen Bezahlung befördert oder verschickt.

Nach der Entstehungsgeschichte des Gesetzes und insbesondere nach den Verhandlungen im Reichstage kann nun kein Bedenken darüber bestehen, daß, abgesehen von der in § 2 unter besonderen Beschränkungen gestatteten ausnahmsweisen Beförderung von Briefen durch expresse Boten oder Fuhren, eine bezahlte Beförderung verschlossener Briefe auf anderem Wege als durch die Post unbedingt ausgeschlossen, daß für die Post bezüglich dieser Beförderung ein Monopol geschaffen werden sollte.

Dies ist ohne Widerspruch insbesondere von dem als Bundesbevollmächtigten an der Debatte beteiligten Generalpostdirektor betont worden, welcher im Anschluß an die vorgängige Äußerung eines Abgeordneten bemerkte: Es sei sehr richtig hervorgehoben worden, daß die Post ohne das Monopol des Briefzwanges sehr wesentlich in ihren finanziellen Grundlagen erschüttert werde, daß sie nicht imstande sein würde, dem Lande das zu leisten, was sie gegenwärtig leistet. Dieses Briefmonopol bestehe in sämtlichen Ländern (Sten. Berichte I. Session 1871, Bd. I S. 552). Den Postzwang für Briefe abzuschaffen oder zu durchlöchern, wäre dem Gesamtinteresse äußerst schädlich. Das Briefmonopol sei die Rückenwirbelsäule des ganzen Postwesens . . . (ebenda S. 553) und als von seiten eines Abgeordneten beantragt wurde, den § 1 in seinem Eingange so zu fassen, daß nur die gewerbsmäßige Beförderung aller versiegelten usw. Briefe verboten, die nicht gewerbsmäßige Beförderung aber erlaubt sein sollte, was damit begründet wurde, daß die Post nur das Recht haben solle, »zu verhindern, daß eigentliche Nebenposten entstehen« (S. 662 a. a. O.), wurde diese Fassung als zu eng von Regierungswegen bekämpft und der erwähnte Antrag abgelehnt (S. 666 a. a. O.).

Es sollte also jede bezahlte Beförderung und Verschickung verschlossener Briefe zwischen verschiedenen Orten mit Postanstalten auf anderem als postalischem Wege unbedingt ausgeschlossen werden. Ein solcher anderweiter Weg ist aber vor allem die Beförderung unter bezahlter Vermittlung von Privatpostanstalten.

Nun wird sich nicht leugnen lassen, daß schon nach dem gewöhnlichen Sprachgebrauche derjenige, welcher seine nach einem anderen Orte adressierten Briefe einer an seinem Wohnorte befindlichen Privatpost zur Beförderung übergibt und diese für die Beförderung bezahlt, die Briefe nicht durch die Post, sondern »auf andere Weise« verschickt, und ebenso wird der Inhaber der Privatpostanstalt, welcher die Briefe an seinem Wohnorte gegen Entgelt zur Bestellung an die an einem anderen Orte mit Postanstalt befindlichen Adressaten übernimmt und diese Zustellung auch wirklich bewirkt, derjenige sein, welcher die Briefe »befördert«. Ob er hierbei in einem Zwischenstadium seiner Tätigkeit die Post, unter Verhüllung der wahren Natur der Sendung, als unbewußtes Werkzeug des Brieftransportes benutzt oder nicht, ist gleichgültig.

Denn der Privatunternehmer, nicht die Post, wird für die Beförderung der Briefe vom Absender bezahlt, er bewirkt die Versendung in der ihm geeignet scheinenden Weise und ist allein dem Absender für die richtige Bestellung haftbar, während dieser letztere mit der Post in keinerlei rechtliche Beziehung tritt. Der Absender wird regelmäßig gar nicht kontrollieren können, in welcher Weise der Privatunternehmer, durch welchen er seine Briefe verschickt, die Sendung bewirkt, und von seinem Standpunkte muß es daher von vornherein gleichgültig sein, ob sich die von ihm bezahlte Privatpost noch der Hilfe der Staats- oder Reichspost bedient, weil er sich mit der Übergabe der Briefe an einen Privatunternehmer jedenfalls der Eventualität unterwirft, daß dieser die Post nicht benützte.

Allerdings verbietet der § 1 des Postgesetzes nur die Beförderung verschlossener Briefe von einem Orte mit einer Postanstalt nach anderen Orten mit einer Postanstalt und gibt damit die Beförderung im Bezirke der einzelnen Postorte frei.

Es ist daher auch richtig, wenn der Richter ausführt, daß das Recht der Briefbeförderung innerhalb eines Postortes jede Art der Behandlung der Briefe zum Zwecke dieser Beförderung, mithin das Sammeln derselben einschließe. Unrichtig ist es aber, wenn er auch das Sammeln zum Zwecke der Zustellung an einem dritten Orte für erlaubt hält. Denn das Sammeln zum Zwecke des Transportes in loco ist eben erlaubt, weil es, wie der erste Richter ganz richtig hervorhebt, zu einem erlaubten Zweck geschieht. Das Sammeln zum Zwecke der Versendung und Bestellung seitens der Privatpost an einem anderen Orte geschieht aber zu einem unerlaubten Zwecke und ist daher selbst unerlaubt. Mit diesem Sammeln greift eine Privatanstalt schon in das Monopol der Post ein. Eben weil die Beförderung der Briefe gegen Bezahlung an entfernte Orte (mit Postanstalten) Monopol der Post ist, verletzt derjenige dieses Monopol, welcher gleichfalls gegen Bezahlung zum Zwecke dieser nur der Post zustehenden Beförderung die Briefe sammelt und demnächst auch wirklich bestellt.

Durch einen Eingriff in die normale Tätigkeit der Post bewirkt die Privatanstalt, daß die Briefe der einzelnen Absender der Kontrolle der Post, der Behandlung als Briefe seitens der Post und der Notwendigkeit, das Briefporto zu bezahlen, entzogen werden. Wenn der Privatspediteur hierbei die gesammelten Briefe in Kisten, Paketen oder in sonstiger für ihn gewinnbringender, die Post aber in so hohem Maße schädigender Weise durch die Post befördert, so ist dies nicht eine dem Gesetz entsprechende, sondern eine dasselbe umgehende Manipulation.

Schon nach dem Erörterten muß der Revision darin beigetreten werden, daß die »Beförderung« im Sinne des § 1 des Postgesetzes auf Seite der Briefpost die ganze Manipulation von der Übergabe und bzw. dem Einsammeln des Briefes bis zur Zustellung an die Adressaten umfaßt und umfassen muß, sofern die Vorschrift des § 1 für die Post irgendwelchen Wert haben soll, und daß schon deshalb eine Wegnahme eines Teiles dieser Tätigkeit durch Privatanstalten ein Eingriff in die Rechte der Post enthält.

Abgesehen davon, daß dieses, wie erörtert, besonders im Zusammenhalte mit der korrespondierenden Alternative des »Verschickens« schon dem Wortsinn des Gesetzes entspricht, würde auch die Zulässigkeit der bezahlten Übernahme der dem eigentlichen Transporte vorangehenden und nachfolgenden Manipulationen durch Private ohne weiteres ermöglichen, der Post auf frequenten und darum gewinnbringenden Linien, durch Errichtung privater Sammelstellen den Zufluß von Briefen massenhaft abzuschneiden, dieselben unter enormer Schädigung der Post durch diese selbst als Pakete an einverstandene Privatanstalten in entfernten Orten zu versenden und so den durch § 1 normierten Briefzwang, ganz gegen die Intentionen des Gesetzes, illusorisch machen.

Allerdings läßt sich hiergegen einwenden, daß das Postgesetz die »Beförderung« und die »Bestellung« mehrfach selbständig nebeneinander erwähnt (§ 6 Abs. 2, 3, 5, und § 50 Abs. 3, Nr. 7, vgl. auch Posttaxgesetz § 8); allein abgesehen davon, daß hiermit die Zulässigkeit des Einsammelns von zu versendenden Briefen durch Dritte gegen Bezahlung nicht nachgewiesen wäre, handelt es sich auch in den angeführten Stellen um Einzelheiten des inneren Postdienstes, welche eine besondere Erwähnung der einzelnen Stadien der postalischen Tätigkeit notwendig erscheinen lassen mochten, während § 1 sich im ersten Abschnitt des Gesetzes befindet, welcher die »grundsätzlichen Rechte und Pflichten der Post«, d. h. den Inbegriff derjenigen prinzipiellen Rechte und Pflichten feststellen wollte, welche der Post in bezug auf den Versendungs- und Reiseverkehr dem Publikum und anderen Transportanstalten gegenüber zustehen — und hier genügte es, für die monopolisierte Beförderung der Briefe und Zeitungen einen allgemeinen, nach dem gewöhnlichen Sprachgebrauche die gesamte einschlägige Tätigkeit der Post umfassenden Ausdruck zu gebrauchen.

Deshalb hat sich auch der erste Richter mit Ungrund auf eine Entscheidung des Reichsgerichtes vom 7./14. Februar 1887 (Entscheidungen, Bd. XV, S. 328) berufen. Denn dort handelt es sich zunächst um die Frage, ob es einem Absender gestattet sei, seine eigenen Briefe, in größerer Anzahl in einem Paket vereinigt, durch die Post zu verschicken. Diese Frage wurde bejaht und hieraus weiter geschlossen, daß derselbe Absender, wenn er ein solches Paket mit Briefen, welches er durch die Post versenden durfte, »auf andere Weise« verschickte, hierdurch nur das Paketporto, nicht das Briefporto für die einzelnen Briefe, defraudiert habe. Der Absender, welcher nach der Anschauung jenes reichsgerichtlichen Urteiles seine eigenen Briefe zu einem Paket vereinigen durfte, fehlte also nur darin, daß er dieses Paket der Beförderung durch die Post entzog. Der Dritte (dort die Eisenbahn), welcher (und zwar unbewußt) die in ein Paket verpackten Briefe gegen Bezahlung beförderte, erhielt von vornherein nur dieses Paket; es war also in der Tat der Post nur ein Paket entzogen und gegen Bezahlung von einem Dritten befördert.

Gegebenenfalls ging aber die Anklage gegen den Angeklagten K. dahin, daß er als Inhaber eines Privatpostinstitutes am 18. Mai 318 Briefe und am 2., 6., 9., 10., 12., 14., 23., 25. und 27. Mai einen oder mehrere verschlossene Briefe gegen Entgelt von E. nach B. befördert habe, und die tatsächliche Unterlage dieser Anklage, welche der zweite Richter im wesentlichen als richtig festgestellt, geht dahin, daß Angeklagter die einzelnen nach B adressierten Briefe als solche von den Absendern in E. gegen Entgelt zur Beförderung übernommen und dieselben erst seinerseits, in größerer oder geringerer Anzahl vereinigt, an seine Privatanstalt in B. gesendet hat, um sie durch diese an die einzelnen Adressaten bestellen zu lassen. Auch die größere Gesamtzahl von 318 Briefen, welche ihm ein einziger Absender übergab, erhielt er nicht etwa in einem Pakete, sondern als einzelne Briefe.

Hier »verschickten« also die Absender ihre Briefe gegen Bezahlung durch einen Dritten, den Angeklagten, nicht durch die Post; denn mit der Post hatten die Absender überhaupt nichts zu tun. — Der Privatunternehmer, welcher die Briefe, meist verschiedener Absender, behufs Beförderung an einen entfernten Ort gegen Bezahlung übernimmt und tatsächlich bewirkt, entzieht also schon mit der Übernahme zu diesem gesetzwidrigen Zweck die Briefe als solche der Post, welcher sie ohne sein Dazwischentreten vom einzelnen Absender hätten übergeben werden müssen oder wenigstens präsumtiv übergeben worden wären. Daß er dann, in weiterer Ausführung seiner von Anbeginn gesetzwidrigen Tätigkeit, die behufs Umgehung der gesetzlichen postalischen Beförderung zur entgeltlichen Privatbeförderung einzeln übernommenen und damit der Post bereits entzogenen Briefe zu Paketen vereinigte, ist völlig gleichgültig und ebenso ist es gleichgültig, ob er die Pakete demnächst durch die Post oder auf anderem Wege transportieren ließ. Denn das der Post durch seine Einmischung in die Briefbeförderung entzogene Objekt sind die Briefe, und entzogen hat er sie dadurch, daß er sie gegen Bezahlung zur Beförderung übernahm und hiermit den § 1 des Postgesetzes verletzte.«

Erkenntnis des Reichsgerichtes vom 1. Mai 1902, betreffend die Beförderung politischer Zeitungen als Handgepäck bzw. als Reisegepäck mittels der Eisenbahn.

(Archiv für Post und Telegraphie 1903, Nr. 10, S. 293.)

Der Geschäftsmann A., welcher die Versendung einer mehr als einmal wöchentlich in X. erscheinenden politischen Zeitung an die Abonnenten besorgte, ließ in den Jahren 1900 und 1901 in einer größeren Anzahl von Fällen die nach auswärts für Orte, welche mehr als zwei Meilen vom Erscheinungsort der Zeitung entfernt sind und sich ebenso wie dieser im Besitze einer eigenen Postanstalt befinden, bestimmten Exemplare durch expresse Boten besorgen. Diese bedienten sich, um an ihre Bestimmungsorte zu gelangen, der Eisenbahn und nahmen in einzelnen Fällen die Zeitungspakete in das von ihnen auf Grund der gelösten Eisenbahnfahrkarte benutzte Personenwagenabteil als Handgepäck mit. In der Regel wurden die Zeitungspakete gegen Lösung eines Gepäckscheines als Reisegepäck aufgegeben und mit demselben Eisenbahnzuge, dessen sich die Boten bedienten, in dem Gepäckwagen an ihren Bestimmungsort befördert.

Gegen den Geschäftsmann A. und die beteiligten Boten war auf Antrag der Oberpostdirektion in H. das gerichtliche Verfahren wegen Portohinterziehung eingeleitet worden.

Die zweite Strafkammer des Landgerichtes in L., welches über die Sache in erster Instanz zu entscheiden hatte, verurteilte die Angeklagten auf Grund der §§ 1, 2, 27 des Postgesetzes bzw. der §§ 49, 257 des Strafgesetzbuches zu Geldstrafen von 63 bis 834 Mark. Nach den Entscheidungsgründen nimmt die Strafkammer an, daß nicht nur die Aufgabe als Reisegepäck, sondern auch die Mitnahme als Handgepäck den Vorschriften in § 2 des Reichspostgesetzes zuwiderlaufe. Die betreffenden Ausführungen lauten:

»Die expressen Boten dienten nicht als Beförderungsmittel. Beförderungsmittel ist der expresse Bote begrifflich nur dann, wenn er selbst die zu befördernden Zeitungen von dem einen Orte zum anderen trägt. Gerade diese, in der Natur der Sache liegende, aus der physischen Kraftgrenze des einzelnen als Bote dienenden Menschen sich ergebende Beschränkung soll nach der erkennbaren Absicht des Gesetzes die Bürgschaft bilden, daß die Ausnahmevorschrift des § 2 des Postgesetzes dem Postregal und der daraus fließenden Finanzquelle des Staates einen wesentlichen Abbruch zu tun außerstande ist. Der expresse Bote wird freilich dadurch noch nicht aufhören, selbst Beförderungsmittel zu sein, wenn er sich zu seiner eigenen Beförderung wieder eines Beförderungsmittels wie der Eisenbahn bedient, sofern er nur zugleich fortfährt, die zu befördernden Briefe und Zeitungen — etwa in seinen Kleidern — bei sich zu tragen. Führt er dagegen die zu besorgenden Gegenstände als Handgepäck bei sich oder gibt er sie gar als Reisegepäck auf, so überträgt er die Beförderung auf die Eisenbahn, indem er mit dieser außer über die Beförderung seiner Person auch über die Beförderung seines Gepäckes einen Frachtvertrag, also nicht nur einen Personenfrachtvertrag, sondern auch einen Güterfrachtvertrag abschließt. Daß ein solcher

Güterfrachtvertrag auch über das sog. Handgepäck abgeschlossen wird, ergibt sich aus § 465 Abs. 3 des Handelsgesetzbuches, wo unter den Vorschriften über den Eisenbahngüterfrachtvertrag die Haftung der Eisenbahn für den Verlust und die Beschädigung des nicht zur Beförderung aufgegebenen Reisegepäcks geregelt wird.«

Gegen das Urteil des Landgerichtes war von sämtlichen Beteiligten Revision eingelegt worden. Das Reichsgericht, dritter Strafsenat, hat in der öffentlichen Sitzung vom 1. Mai 1902 das Urteil des Landgerichtes aufgehoben und die Sache zur anderweiten Verhandlung und Entscheidung an die vorige Instanz zurückverwiesen. Durch das reichsgerichtliche Erkenntnis wird anerkannt, daß die Eisenbahnbeförderung postzwangspflichtiger Zeitungen als Reisegepäck expresser Boten gegen das Postgesetz verstößt, daß dagegen die Beförderung solcher Zeitungen als Eisenbahnhandgepäck zulässig ist. Das Erkenntnis stützt sich im wesentlichen auf folgende Entscheidungsgründe:

Das angefochtene Urteil nimmt an, daß sowohl die Mitnahme der Zeitungspakete als Handgepäck, wie auch deren Aufgabe als Reisegepäck den Vorschriften in § 2 des Reichspostgesetzes zuwiderlaufe, und hat deshalb die Angeklagten wegen fortgesetzter Postportohinterziehung in Anwendung der §§ 1, 2 und 27 Nr. 1 des erwähnten Reichsgesetzes zu der hiernach verwirkten Geldstrafe verurteilt. Die Revision bekämpft den vom ersten Richter eingenommenen Rechtsstandpunkt als einen auf Rechtsirrtum beruhenden. Der in dieser Hinsicht geltend gemachte Revisionsangriff kann indessen, soweit wenigstens die Beförderung der Zeitungspakete als Reisegepäck mittels der Eisenbahn in Betracht kommt, nicht für zutreffend und durchgreifend angesehen werden. Die Postzwangspflicht der im gegebenen Falle den Beförderungsgegenstand bildenden Zeitungspakete steht nach Maßgabe der von dem vorigen Richter getroffenen tatsächlichen Feststellungen im Hinblick auf § 1 Abs. 1 des Reichsgesetzes über das Postwesen des Deutschen Reiches vom 28. Oktober 1871 außer jedem Zweifel.

Rechtlich läßt es sich auch nicht beanstanden, wenn der erste Richter demjenigen, unter dessen Mitwirkung die Beförderung der Zeitungspakete mittels der Eisenbahn stattgefunden hat, mit Rücksicht auf die obwaltenden Verhältnisse, nach welchen sie gegen Bezahlung im ausschließlichen Dienste des Beschwerdeführers standen und für diesen lediglich die einzelnen Zeitungspakete an ihren Bestimmungsort verbrachten, die Eigenschaft expresser Boten beigelegt hat. Bedenkenfrei hat das angefochtene Urteil bei der Definition des Rechtsbegriffes des expressen Boten der in mehrfachen Urteilen des Reichsgerichtes niedergelegten Rechtsanschauung sich angeschlossen, von welcher abzugehen der gegenwärtig zur Entscheidung gestellte Fall keinen zureichenden Anlaß bietet. Hiernach ist davon auszugehen, daß die Beförderung an sich postzwangspflichtiger Gegenstände mittels eines expressen Boten zur notwendigen Voraussetzung hat, daß die Beförderung durch diesen erfolgt ist.

Dies darf freilich nicht, wie der erste Richter rechtsirrtümlich angenommen hat, dahin führen, daß der expresse Bote, um als solcher im Sinne des Gesetzes gelten zu können, die durch ihn zu befördernden postzwangspflichtigen Gegenstände immer selbst von einem Orte zu dem anderen tragen müsse. Dem expressen Boten ist es vielmehr unbenommen, sich zur Weiterbeförderung seiner Person unter Mitnahme der von ihm zu befördernden Objekte eines Fuhrwerkes oder geeignetenfalls der Eisenbahn zu bedienen. Es läßt sich auch nicht mit dem Vorderrichter behaupten, daß, wenn letzteres geschieht, der expresse Bote die Eigenschaft eines solchen nur behalte, und nur dann als Beförderungsmittel angesehen werden könne, sofern er die Beförderungsobjekte während der Beförderungsdauer etwa in seinen Kleidern bei sich trägt. Es läßt sich nicht absehen, welchen wesentlichen Unterschied es in bezug auf die rechtliche Beurteilung der Sache begründen sollte, je nachdem der expresse Bote bei Benutzung eines Fuhrwerkes oder der Eisenbahn die Beförderungsgegenstände in seinen Kleidern stecken oder an einem sonst geeigneten Platze neben, unter oder über sich liegen hat. Immer aber wird für die Annahme des Vorhandenseins eines expressen Boten unter allen Umständen erfordert werden müssen, daß der expresse Bote im Falle der Benutzung eines Fuhrwerkes oder der Eisenbahn die von ihm zu befördernden Beförderungsgegenstände bei sich führen muß, sie nicht den Gegenstand einer selbständigen Beförderung durch einen Dritten bilden und während der Dauer der Beförderung des expressen Boten mittels der Eisenbahn oder eines Fuhrwerkes zu diesem räumlich und zeitlich in einem Verhältnisse bleiben, vermöge dessen sie während der ganzen Beförderungsdauer seiner fortgesetzten Obhut und Aufsicht anvertraut und unterworfen sind.

Wollte man von diesem wesentlichen Begriffserfordernis des expressen Boten absehen, so könnte leicht der Fall eintreten, daß, soweit sich dies für den Absender als vorteilhaft erweist, die Zeitungsbeförderung mehr und mehr der Post entzogen und der Eisenbahn übertragen, damit aber ein Zustand geschaffen wird, der ganz dazu geeignet wäre, das Postregal in bezug auf die Beförderung postzwangspflichtiger politischer Zeitungen illusorisch zu machen. Dies zuzulassen, kann von dem Gesetzgeber bei Schaffung der §§ 1 und 2 des Reichspostgesetzes, durch welches die Postzwangspflicht unter bestimmten Voraussetzungen auch auf politische Zeitungen ausgedehnt wurde, unmöglich gewollt gewesen sein. Ganz im gleichen Sinne sprach sich über den Begriff des expressen Boten bei der Beratung der Postgesetznovelle vom 20. Dezember 1899 im Plenum des Reichstags der damalige Staatssekretär des Reichspostamtes aus, dessen Ausführungen, welche rechtlich völlig zutreffend erscheinen, nur beigetreten werden kann (Sten. Berichte d. Reichstages, 10. Legislaturperiode, I. Session 1898 bis 1900, II. Bd., S. 1704).

An dem für den Begriff des expressen Boten unerläßlichen Requisit einer Beförderung durch denselben fehlt es aber bei der Beförderung als Reisegepäck mittels der Eisenbahn. Denn hier übernimmt die Eisenbahn einen wesentlichen Teil der Obliegenheit des Boten, und dieser verliert dadurch die Eigenschaft eines Expressen im Sinne des Gesetzes, er hört auf, Beförderungsmittel zu sein. Die Eisenbahnverkehrsordnung vom 26. Oktober 1899, welche in ihrem vierten Abschnitt die Beförderung des Reisegepäckes behandelt, läßt inhaltlich der Vorschriften in den §§ 30 ff. klar erkennen, daß die Beförderung des sog. Reisegepäckes auf Grund eines besonderen Transportvertrages erfolgt, welcher neben dem Personentransportvertrage selbständig in bezug auf das Reisegepäck gegen Bezahlung einer Gepäckfracht (§ 32, Abs. 4) durch Auflieferung des Reisegepäckes und Lösung eines die Stelle des Frachtbriefes vertretenden Gepäckscheines zum Abschluß gelangt. Die Eisenbahn haftet (§ 34 der Verkehrsordnung) für das zur Beförderung aufgegebene Reisegepäck in gleicher Weise wie für die Beförderung von Frachtgütern und auch für den Verlust des Reisegepäckes, sofern nur nach seiner Ankunft am Bestimmungsorte seine Abforderung innerhalb einer Frist von acht Tagen erfolgt. Das Reisegepäck geht durch Aufgabe bei der Eisenbahn vertragsmäßig in deren Besitz, Obhut und Aufsicht über und unterliegt dieser bis zu seiner Abholung an der Ankunftsstation durch den hierzu Berechtigten. Von der Beförderung von Frachtgut unterscheidet sich die des Reisegepäckes in der Hauptsache nur dadurch, daß ersteres in den regelmäßig verkehrenden Güterzügen befördert wird, während das Reisegepäck im Interesse der Erleichterung des Reiseverkehrs in den Gepäckwagen der Personenzüge zum Transport gelangt. Man kann deshalb in dem Falle der Beförderung der Zeitungspakete als Reisegepäck nicht mehr von einem expressen Boten und der Beförderung durch einen solchen sprechen, und hieran vermag auch der Umstand nichts zu ändern, daß der Reisende, dessen Gepäck als Reisegepäck zur Beförderung gelangt, regelmäßig, wenn dies auch nicht notwendig zutreffen muß, zur Beförderung seiner Person sich des gleichen Eisenbahnzuges bedienen wird.

Die Annahme der Revision, daß die Beförderung des Reisegepäckes nicht auf Grund eines Beförderungsvertrages erfolge, seine Aufgabe zum Zwecke seiner Beförderung sich vielmehr nur als ein qualifiziertes Depositum darstelle, ist unhaltbar.

Wenn nun auch die Beförderung postzwangspflichtiger Zeitungspakete als Reisegepäck durch einen Expreßboten als straffällig erscheint, so läßt sich doch das Gleiche nicht dann sagen, wenn die Zeitungspakete von dem Expreßboten in sein Wagenabteil als Handgepäck mitgenommen werden. Der Vorderrichter vertritt zwar auch in dieser Beziehung den gegenteiligen Standpunkt. Die desfallsigen Ausführungen des angefochtenen Urteils beruhen indessen auf Rechtsirrtum.

§ 28 der Eisenbahnverkehrsordnung gestattet nur die Mitführung des sog. Handgepäckes in den Personenwagen und bestimmt ausdrücklich, daß Gepäckscheine hierfür nicht ausgegeben werden, die Reisenden auch das in den Wagenabteilen mitgeführte Reisegepäck selbst zu beaufsichtigen haben. Die Eisenbahn übernimmt auch, wie sich aus § 465 Abs. 3 des Handelsgesetzbuches neuer Fassung und aus § 34, letzter Absatz der Eisenbahnverkehrsordnung ergibt, im Gegensatz zu dem zur Beförderung aufgegebenen Reisegepäck in bezug auf das Handgepäck keinerlei Verantwortlichkeit und Haftung für dessen Verlust, Minderung und Beschädigung, sofern ihr nicht ein Verschulden zur Last fällt.

Durch den für seine Person durch Lösung der Fahrkarten abgeschlossenen Transportvertrag erwirbt der Reisende allerdings mit Rücksicht auf die Bestimmung in § 28 der Verkehrsordnung zugleich das vertragsmäßige Recht auf Mitnahme seines Handgepäckes in seinem Wagenabteil und die Eisenbahn ist, soweit die dabei erforderlichen Grenzen eingehalten werden, vertragsmäßig verpflichtet, dies ihrerseits zu gestatten. Dieses Recht und diese Pflicht folgen aber ohne weiteres aus dem abgeschlossenen Personentransportvertrage in Verbindung mit § 28 a. a. O. und stellen sich als ein Ausfluß dieses Vertrages dar, welchen man insofern als einen erweiterten Personentransportvertrag bezeichnen kann. Demgemäß kann die Ansicht des Vorderrichters, daß der Reisende die Beförderung des Handgepäckes der Eisenbahn überträgt und mit ihr außer über die Beförderung seine Person zugleich über die Beförderung seines Handgepäckes einen besonderen Frachtvertrag abschließt, nicht aufrechterhalten werden und läßt sich zu ihren Gunsten insbesondere nicht der § 465 Abs. 3 des neuen Handelsgesetzbuches verwerten. Ob sich das Gleiche auch von dem durch den Angeklagten neuerdings angewendeten, aber keinen Gegenstand der Anklage bildenden Verfahren sagen läßt, nach welchem er jeweilig zwei Personenfahrkarten löst, aber nur den einen der beiden Personenfahrplätze, auf welche er hiernach ein vertragsmäßiges Recht hat, mit einer Person besetzt, während er auf dem für den zweiten Platz bestimmten Raume das Handgepäck, soweit dafür der über und unter seinem eigenen Platze befindliche Raum nicht ausreicht, kann dabei ganz dahingestellt bleiben.

Hiernach ist davon auszugehen, daß der Reisende, was von entscheidender Bedeutung ist, durch Mitnahme seines Handgepäckes in den Personenwagen, dieses unter seiner eigenen Obhut und Beaufsichtigung selbst mit sich führt, die unmittelbare Verfügung darüber behält, solches selbst befördert und eine von der Beförderung seiner Person getrennte, gesonderte Beförderung des Handgepäcks durch die Eisenbahn nicht stattfindet. Trifft dies aber zu, so verliert ein expresser Bote dadurch, daß er die von ihm zu befördernden postzwangspflichtigen Gegenstände bei Benutzung der Eisenbahn mit als Handgepäck in den Personenwagen nimmt, nicht seine Eigenschaft als expresser Bote, er bleibt Beförderungsmittel und macht sich eines strafbaren Eingriffes in die Rechte der Post nicht schuldig.« . . . . .

Erkenntnis des Reichsgerichtes vom 4. April 1904, betreffend die Beförderung politischer Zeitungen als Handgepäck mittels der Eisenbahn.

(Archiv für Post und Telegraphie 1904, S. 559 ff.)

Der Angeklagte R., dem vom Verleger der täglich erscheinenden Zeitung »B.er General-Anzeiger«, dem Mitangeklagten W., die selbständige Leitung der Verschickung der Zeitung übertragen ist, hatte bis zum 31. Januar 1902 den Versand in eine Anzahl — weiter als 2 Meilen von B. entfernten — mit einer Postanstalt versehener Ortschaften in der Weise besorgt, daß er 12 bis 14 Boten nach den erwähnten Ortschaften aussandte, die sich zu ihrer Beförderung der Eisenbahn bedienten, indem jeder für sich eine Fahrkarte löste und Zeitungspakete als »Handgepäck« bei sich führte. Vom 1. Februar 1902 an wurde dieses Verfahren von R. geändert. Es wurde die Beförderung den angeklagten Eheleuten K. und A. übertragen. Zum Zwecke der Beförderung wurden Monatskarten für zwei Wagenabteile (III. Klasse) (also für 16 Plätze) gelöst. Die für jede Ortschaft bestimmten Zeitungsexemplare wurden in den Geschäftsräumen des General-Anzeigers in besondere Pakete verpackt, jedem der vier Boten wurden die von ihm zu befördernden Pakete besonders übergeben. Die Boten fuhren mit den Paketen zur Bahn, indem jeder seine Pakete in das von ihm zusammen mit seinem Ehegatten benutzte Wagenabteil eines bestimmten Zuges so einlegte, daß sie diese in den über sämtlichen Sitzplätzen des Abteils befindlichen Gepäckhaltern unterbrachten, vereinzelt auch den Raum unter den Sitzplätzen dazu ausnutzten, nie aber die Sitzplätze selbst belegten. Die Boten nahmen dann, je ein Ehepaar, in einem dieser Abteile, im Zuge Platz und verließen diese während der Fahrt nicht, reichten vielmehr an den einzelnen Bestimmungsorten die betreffenden Pakete an die mit der Weiterbeförderung Betrauten durchs Fenster hinaus. Daneben hat auf einer anderen Bahnlinie der Angeklagte S. Zeitungspakete befördert, die er als Handgepäck über und unter seinem Sitze unterbringen konnte.

Von der Anklage eines Vergehens im Sinne des § 27 Nr. 1 des Gesetzes über das Postwesen vom 28. Oktober 1871, begangen durch gesetzwidrige Verschickung bezw. Beförderung postzwangpflichtiger Gegenstände sind die Angeklagten freigesprochen, indem ausgeführt wird:

»Die Beförderer seien als expresse Boten im Sinne des § 2 des angezogenen Gesetzes anzusehen, denen die Benutzung der Eisenbahn zur Beförderung ihres Handgepäckes gestattet sei. Diese Anschauung ergebe sich aus den Auseinandersetzungen im Urteil des 3. Strafsenates des Reichsgerichtes vom 1. Mai 1902 (Entscheidungen Bd. 35 S. 220). Das entscheidende Gewicht sei nach der Meinung des Reichsgerichtes darauf zu legen, daß der Bote sein Gepäck unter eigener Obhut und Beaufsichtigung mit sich führe, daß nicht etwa eine, von der Beförderung seiner Person getrennte, gesonderte Beförderung des Gepäckes durch die Eisenbahn stattfinde. Ersteres sei im vorliegenden Falle gegeben. Die von R. benützten Boten hätten die ausschließliche Verfügungsmacht über die Zeitungspakete gehabt, genau so, als wenn sie nicht einen Eisenbahnwagen, sondern eine gewöhnliche Fuhre zu ihrer Beförderung benutzt hätten. Sie hätten auch nicht so viel Gepäck gehabt, daß es nicht mehr als Handgepäck hätte bezeichnet werden können. Eine Gewichtsabgrenzung sei für solches ebensowenig wie eine Begriffsbestimmung gegeben; Handgepäck sei dasjenige Gepäck, welches ein Reisender der Bahn nicht zur selbständigen Beförderung übergebe, sondern im Personenwagen unter eigener Obhut behalte. § 28 der Eisenbahnverkehrsordnung vom 26. Oktober 1899 gebe keinen klaren objektiven Maßstab, das Reichsgericht habe in dem angeführten Urteile anerkannt, daß Zeitungspakete Handgepäck sein könnten, die Eisenbahndirektion Breslau habe in einem Erlasse vom 16. August 1902 solche ebenfalls als Handgepäck zugelassen. Die Bestimmung im Entwurfe der Postgesetznovelle vom 20. Dezember 1899, das zuzulassende Handgepäck für Expreßboten auf 5 kg zu beschränken, sei vom Reichstage abgelehnt worden. Es bleibe daher nur die — aus § 28 Abs. 3 der Verkehrsordnung sich ergebende — Beschränkung übrig, daß die Sitzplätze selbst nicht zur Unterbringung verwendet werden durften. Dem sei hier entsprochen. Und da für alle Sitzplätze beider Wagenabteile Fahrkarten gelöst seien, so sei damit das Recht erworben worden, das Handgepäck auf dem für die Inhaber dieser Sitzplätze zur Verfügung stehenden Raume unterzubringen.

Diese freisprechende Entscheidung beruht, soweit es sich nicht um den Angeklagten S. handelt, auf Rechtsirrtum, und dem gegen sie eingelegten staatsanwaltlichen Rechtsmittel ist hinsichtlich der Freisprechung der Angeklagten W., R., Eheleute K. und Eheleute A. stattzugeben.

Die Entscheidung findet in dem angezogenen Urteile des dritten Strafsenats keine Stütze. Ausschlaggebend für die Beurteilung des vorliegenden wie des dort entschiedenen Falles ist einzig und allein die Beantwortung der Frage, ob im Sinne des § 2 des Reichspostgesetzes die Beförderung durch einen expressen Boten vorliegt oder nicht. Was im Sinne der aus ganz anderen Gesichtspunkten erlassenen Normen des Eisenbahnrechtes, besonders der Verkehrsordnung, oder gar zufolge besonderer Verfügungen der Eisenbahnverwaltungsbehörden als Handgepäck zugelassen ist, darauf kann es hier nicht ankommen. Es kann deshalb auch ganz dahingestellt bleiben, ob dem, was über den Begriff des »Handgepäcks« und die Tragweite der Bestimmungen im § 28 der Verkehrsordnung von der Strafkammer erörtert wird, überall beizutreten wäre.

Der dritte Strafsenat hat in dem angezogenen Urteil an der Spitze seiner Erörterungen gestellt: Voraussetzung für die Beförderung durch expresse Boten sei unter allen Umständen, daß der Bote das Beförderungsmittel darstelle. Es wird demnächst auseinandergesetzt, daß ein solches Verhältnis da nicht vorliege, wo der Bote die Beförderungsgegenstände nicht mit sich führe, sondern wo er diese einem Dritten zur selbständigen Beförderung übergebe. Eine derartige selbständige Beförderung durch einen Dritten walte da ob, wo der die Eisenbahn zum eigenen Fortkommen benutzende Bote die Beförderungsgegenstände als Reisegepäck zur Beförderung im Gepäckwagen des Personenzugs aufgebe; sie walte dagegen nicht ob, wo der Bote die Beförderungsgegenstände in dem von ihm benutzten Personenwagenabteil als Handgepäck bei sich führe. Im ersteren Falle vermittle er eine von der Beförderung seiner Person getrennte, gesonderte Beförderung des Gepäcks, im letzteren Falle handle es sich nicht um den Abschluß eines besonderen Frachtvertrages, sondern nur um eine aus § 28 der Verkehrsordnung abgeleitete Nebenwirkung des abgeschlossenen Personentransportvertrages, wobei der Beförderungsgegenstand nicht in die Aufsicht und Obhut eines Dritten gelange, sondern in der des Boten selbst verbleibe. Ausdrücklich ist dabei vom dritten Strafsenate die Frage unentschieden gelassen, ob das gleiche Verhältnis auch für den, damals der Entscheidung nicht unterliegenden Fall zutreffe, wo jemand zwei Personenfahrkarten löse, aber nur einen der beiden ihm zustehenden Plätze mit einer Person besetze, während er auf dem für den anderen Platz bestimmten Handgepäckraum Beförderungsgegenstände unterbringe. Und diese hier im Streit befangene Frage muß verneint werden. Entscheidend ist nicht der Umstand, daß der Bote die Sachen in seiner Obhut hat, sondern, daß er das Beförderungsmittel bildet. Kann dies im Einklange mit den Ausführungen des dritten Strafsenates da angenommen werden, wo der Bote vermöge des über die Beförderung seiner Person mit der Eisenbahn abgeschlossenen Vertrages das Recht zur Mitführung eines gewissen Quantums von Gepäck als »Handgepäck« ohne besonders dafür zu gewährende Vergütung beanspruchen kann, so liegt doch hier ein derartiges Verhältnis nicht vor. Die Bezahlung der Fahrkarten für diejenigen Plätze in den Wagenabteilen, die von Personen gar nicht besetzt werden, sondern lediglich zur Beförderung von Sachen benutzt werden sollten, stellt sich tatsächlich allein als Vergütung für die Unterbringung von Gepäckstücken dar, auf deren Mitführung die in den betreffenden Wagenabteilen reisenden Boten auf Grund der für ihre Plätze gelösten Fahrkarten keinen Anspruch hatten. Es handelt sich also bei dem Transporte der auf den von Personen unbesetzten Plätzen untergebrachten Beförderungsgegenstände tatsächlich nicht um Ausübung von Rechten, die innerhalb des Kreises der Befugnisse aus dem zur Beförderung ihrer Personen von den Boten abgeschlossenen Transportvertrage liegen, sondern um Heranziehung der Eisenbahn zu einer von der Beförderung jener durchaus unabhängigen und selbständigen Frachttransportart, deren wahrer Charakter dadurch keine Veränderung erleidet, daß die Vergütung für die Benutzung des im Personenwagen befindlichen Gepäckraumes nicht ausgesprochen unter dem Titel »Fracht«, sondern verschleiert als »Personenfahrgeld« gewährt wird, um so mehr, als dies offensichtlich zu keinem anderen Zweck geschieht als dem einer Umgehung des Gesetzes.

Hiernach unterliegt das angefochtene Urteil, das sich nur mit der Erörterung und Verneinung des objektiven Tatbestandes befaßt, der Aufhebung gegenüber den bereits oben genannten sechs Angeklagten. Was objektiv hinsichtlich der Beteiligung des Angeklagten W. an den unter Anklage stehenden Vorgängen für erwiesen erachtet ist, schließt nicht ohne weiteres aus, daß eine Täterschaft oder Teilnahme gegen ihn zur Feststellung gelangen könnte.

Frei von Rechtsirrtum erscheint die angefochtene Entscheidung nur insoweit, als sie den Angeklagten S. betrifft. In bezug auf diesen ist festgestellt, daß er — dessen Eigenschaft als expresser Bote im übrigen nicht angefochten ist — stets mit einer Fahrkarte reiste und die als Handgepäck mitgegebenen Zeitungspakete bequem über und unter seinem Sitz unterbringen konnte. Seine Freisprechung rechtfertigt sich deshalb aus den in dem oft erwähnten reichsgesetzlichen Urteile ausgesprochenen Rechtsgrundsätzen.«

www.ingramcontent.com/pod-product-compliance
Lightning Source LLC
LaVergne TN
LVHW042247300926
849161LV00003B/500